AF501571

ANNALES RELIGIEUSES

DE

LA VILLE DE COMINES.

Lk7 2179

ARMES DE JEAN, SEIGNEUR DE LA CLYTE,

Chevalier de l'Ordre de la Toison d'or,

BARON DE COMINES

Lith. Lefebvre-Ducrocq, Lille.

ANNALES
RELIGIEUSES

DE

LA VILLE DE COMINES,

PAR

L'Abbé C.-H. DERVEAUX.

LILLE,
IMPRIMERIE DE LEFEBVRE-DUCROCQ, PLACE DU THÉATRE, 36.

COMINES,
CHEZ BOURLET-VERMÈS, LIBRAIRE.

1856.

Ouvrage publié avec l'autorisation de Monseigneur l'Archevêque de Cambrai.

A M. PIERRE-CORNILLE **RENIEZ**,

Chanoine de la Métropole de Cambrai,

Doyen-Curé de Comines,

HOMMAGE D'AFFECTION ET DE RECONNAISSANCE PROFONDE

C.-H. DERVEAUX.

INTRODUCTION.

Le titre d'*Annales religieuses* donné à ce travail, indique assez que nous n'avons pas l'intention de traiter de l'histoire politique de ce pays, ni de parler avec détail des révolutions si fréquentes qui placèrent la Flandre sous des dominations différentes. Nous laissons ces considérations longues et difficiles aux historiens qui en ont fait le sujet de leurs recherches et de leurs études (1).

Notre but est de montrer le caractère religieux qu'a eu dans les siècles passés, notre petite ville de Comines. Toutefois, il ne serait pas possible dans l'intérêt du lecteur cominois, pour qui ce livre a été fait, de passer sous silence les noms des personnages illustres qui honorèrent leur ville, les luttes sanglantes dont elle fut témoin, et le développement de son commerce à diverses époques.

Ce pays dominé, mais non asservi par les efforts des armées romaines, fit partie des Etats Francs de Clovis. Successivement sous les comtes et marquis de Flandre, le duc de Bourgogne, la maison d'Autriche, la domination espagnole, il finit, après d'incessantes révolutions, par appartenir à la France. Le traité d'Utrecht 1713 et celui de 1815 fixèrent les limites de la France à la Lys, de sorte que notre ville, assise actuellement sur les frontières de

(1) Voyez l'*Histoire de Tournay*, par Cousin, l'*Histoire de Lille*, par M. Victor Derode, et surtout les *Chroniques de Flandre*, par M. Kervyn de Lettenhove.

la France et de la Belgique, renferme deux communes bien distinctes, ayant deux administrations complètement étrangères l'une à l'autre. La partie française comprend 5600 habitants à peu près, la partie belge, 3500 : néanmoins on peut dire que tout est français, le langage (1), les mœurs, les habitudes ainsi que l'esprit d'union et de sympathie qui règne entre tous, tellement qu'au premier coup-d'œil on croirait qu'il n'y a qu'une seule et même ville. Cette séparation n'est donc que nominale et pour la satisfaction de la diplomatie. Il est impossible de désunir ce qui a été uni pendant tant de siècles par les liens si étroits de la même foi et des mêmes vicissitudes. Un même toit religieux abrita les deux Comines depuis la prédication de saint Chrysole jusqu'à la grande révolution.

Nous croyons devoir faire une remarque importante avant d'entrer en matière.

Les ouvrages de la nature de celui que nous

(1) La langue flamande était seule parlée à Comines, il y a deux siècles ; à partir de la conquête de la Flandre par Louis XIV, elle se retire par une marche assez rapide devant la langue française.

offrons au public sont examinés scrupuleusement par la critique, et c'est évidemment son droit et son devoir. Elle examinera donc le fond de ce travail, c'est-à-dire les faits consignés dans l'histoire et qu'une génération transmet à la génération qui lui succède. Sous ce rapport nous avons mis tous nos soins et toute notre application à présenter les événements dans leur jour le plus vrai, nous appuyant, autant que possible, sur des documents impartiaux et authentiques, et s'il nous est échappé quelque erreur, nous déclarons hautement qu'elle est involontaire et nous remercions à l'avance ceux qui nous la feront découvrir. Quant à la forme de ces *Annales* et au style de notre récit, nous déclarons ingénument que nous n'avons aucune prétention au titre d'écrivain et d'homme de lettres, et que notre unique but est d'être utile. Nous avons raconté simplement et avec exactitude, ce que nous avons jugé digne d'intérêt et nous nous recommandons pour le reste à l'indulgence des savants et à la sympathie de nos bien aimés cominois.

CHAPITRE Ier

Idée générale du pays. — Origine de Comines. — Histoire de Saint Chrysole, son apostolat et son martyre.

Notre pays, dit M. le Docteur Le Glay, n'était autrefois qu'une longue suite de forêts entrecoupées çà et là par des marécages et des terres incultes ; une pauvre et sauvage contrée, voilée par d'éternels brouillards, attristée par les vents glacés, et inondée souvent dans ses parties basses, par les eaux de la mer (1).

---

(1) M. Elie de Beaumont prétend que tout le terrain de la Flandre était autrefois couvert par les eaux de la mer. Il établit son assertion sur des preuves géologiques.

Nos pères, aussi sauvages que les lieux qu'ils habitaient, s'appelaient Nerviens (1). Placés à l'extrémité de la Gaule-Belgique, César les signale comme les plus barbares et assurément les plus valeureux des Belges, qui, au jugement de ce grand capitaine, étaient les plus braves des Gaulois (2). L'histoire les représente à la taille gigantesque, à l'œil farouche, à la chevelure d'un rouge ardent. Ils opposèrent aux violentes agressions des Romains, une longue et opiniâtre résistance. Les maîtres du monde finirent par les soumettre, mais ne purent dompter leur fierté. L'ère de la civilisation s'ouvre pour ces contrées à partir de l'introduction du christianisme. Vers la fin du IIIe siècle, on vit paraître des missionnaires intrépides qui, bravant la férocité des peuples barbares, les persécuteurs et la mort, apportèrent dans ces lieux le flambeau de la Foi, et, en changeant les mœurs, changèrent pareillement la constitution physique du pays.

D'après M. Kervyn de Lettenhove, saint Materme, disciple de saint Pierre, serait le premier qui aurait prêché la Foi en ce pays. Quelques historiens soutiennent que ce fut saint Nazaire, martyrisé sous Néron ; d'autres prétendent

---

(1) M. Brun-Lavainne a victorieusement prouvé que toute la chatellenie de Lille était habitée par des Nerviens, et non par les Ménapiens (Voyez son opuscule sur ce sujet.)

(2) Horum omnium (Gallorum) fortissimi sunt Belgæ. *(V. De Bello Gallico lib. 1, Cp. 1.)* Suessiones.... polliceri millia armata quinquaginta; totidem Nervios, qui maximè feri inter ipsos habeantur, longissimè que absint. *(Ibid. Cp. IV).*

que saint Egiste, l'un des soixante-douze disciples du Seigneur, y aurait été envoyé par saint Pierre; enfin, il en est qui croient que le pape Évariste envoya saint Siagre dans les contrées du Nord des Gaules, vers l'an 112. Les progrès du christianisme en Belgique, avaient été rapides; mais la sanglante persécution de Dioclétien qui devait être la dernière, soumit à une terrible épreuve, les néophytes de toutes les parties de l'Empire. Rictiover, préfet dans cette partie des Gaules, se distingua par l'acharnement avec lequel il poursuivit les chrétiens, et les supplices atroces qu'il leur fit endurer. A Trèves, le sang des chrétiens rougit les eaux de la Moselle. La vierge Macra fut brûlée vive à Rheims. L'évêque Firminus, à Amiens, Gentianus, Victoricus, Fuscianus, dans le pays de Térouane, Eubert de Lille, Piat de Seclin, méritèrent par les mêmes tortures les palmes du martyre.

Saint Chrysole, fut de ceux qui répandirent leur sang dans les dernières années de la dixième persécution. La paix fut en effet rendue à l'église par Constantin, en 312, c'est-à-dire peu de temps après.

Avant de relater tout ce qui a rapport à notre célèbre Patron, disons un mot de l'origine de Comines: D'après une tradition généralement répandue dans ces contrées, le nom de Comines, *Comen*, viendrait de saint Chrysole. Ce serait le mot habituel qu'il aurait adressé à nos pères idolâtres, en les exhortant à venir l'entendre parler des choses de Dieu et de leur salut; *Comen*, *comen;* venez, venez. On dit aussi que saint Chrysole, revenant de Verlinghem, aurait été reçu avec toutes les marques de vénération, par les habitants du lieu où il se tenait ordinairement, et qu'il avait choisi pour recevoir sa sépulture; ils l'accueillirent par ces paroles : *Comen*, *comen*, qui, dans toutes les langues du Nord, veut dire : Venez donc.

Jacques Marchant, au rapport de Buzelin, prétendait que le nom de Comines venait d'un *Comius Regulus Atrebatium*, que César a loué dans ses commentaires, et à qui il donna ce pays qui aurait reçu son nom.

Adrien Schriest affirme qu'on lisait dans ces mêmes commentaires : *Cominium*, Comines; mais ce mot ne se rencontre pas dans la relation des guerres de César. S'il nous est permis d'émettre ici notre opinion, nous dirons que Comines existait avant l'arrivée de saint Chrysole, puisqu'il choisit ce lieu pour prêcher la Foi.

Quoiqu'il en soit de son origine, Comines est regardé comme une des plus anciennes villes de la Flandre, et dès le IIIe siècle, elle fut le centre des prédications évangéliques.

Saint Chrysole (1), fils d'un roi ou gouverneur d'Arménie,

---

(1) Nous prenons la vie de saint Chrysole dans l'ancien office des chanoines de notre collégiale, et nous nous servons souvent de la traduction de R. P. Possoz, approuvée par l'autorité diocésaine. En tête de la préface de cet office, imprimé à Lille, chez Moitemont, en 1696, nous lisons ces mots : *Admodum amplissimis ac reverendis et venerabilibus dominis Præposito decano et canonicis antiquissimæ ecclesiæ collegiatæ Sti Petri oppidi Cominiensis*.

Raissius se servit de ce même office pour faire sa légende, qui fut insérée dans les *Acta S. S. Belgii. I.* 144.

St-Fulgence, évêque, qui vivait au Ve siècle, parle de Chrysole, dans son sermon sur saint Cyprien, ainsi que saint Jean-Chrysostôme, dans son panégyrique de saint Ignace d'Antioche.

avait d'abord exercé l'apostolat dans son pays natal. Il était évêque ou archevêque d'une des villes de l'Asie-Mineure. Devant fuir lors de la persécution de Dioclétien, et désirant peut-être étendre le règne de Jésus-Christ parmi les infidèles, il vint à Rome auprès du pape Marcellus, qui le reçut avec les témoignages du respect et de l'amour le plus vif. Avant de l'envoyer dans les Gaules avec d'autres missionnaires, il lui donna une boîte en argent qui avait autrefois servi à saint Pierre pour administrer la Sainte-Eucharistie. C'est ce que nous appelons la Canole de St-Chrysole, conservée jusqu'à la révolution française, et que des témoins oculaires actuellement existant se rappellent fort bien avoir vue.

Après avoir évangélisé les lieux où il passa en traversant les Gaules, il s'arrêta dans cette partie de la Belgique qui se trouve entre la Lys et l'Escaut, et qu'on appela depuis le Mélanthois. Là, il se livra pendant dix-sept ans, aux pénibles fatigues de l'apostolat.

Cette contrée, comme toutes celles où l'évangile n'avait pas encore été annoncé, était ensevelie dans les profondes ténèbres de l'idolâtrie. Tout y était adoré, les astres, le bois, la pierre, les animaux. Il n'y avait que le Dieu véritable qui ne reçut point d'hommages. Le principal culte des faux dieux, à Comines, dit Buzelin, était celui de Saturne (1), tandis qu'à Wervicq, aussi fort peuplé, c'était le Dieu Esculape à qui on rendait un culte abominable.

(1) Voyez aussi les *Délices des Pays-Bas*.

Ce Dieu Saturne, appelé par corruption de langage, Seater ou Crodo, était adoré le samedi. « Il était, dit « l'auteur des *Délices des Pays-Bas*, aposté sur un « piédestal, en statue de vieillard avec une longue barbe, « ayant sous ses pieds un poisson; à la main droite, un « sceau rempli de fruits; et à la gauche, une roue élevée « en l'air. »

Toutes les divinités les plus infâmes et les plus cruelles du paganisme, étaient aussi vénérées par nos pères. A quels pénibles labeurs saint Chrysole ne doit-il pas se livrer pour les amener à la vérité? Connaissant parfaitement la langue latine qui lui était d'un grand secours, déguisé en philosophe grec, afin d'exciter chez tous, le désir de le voir et de l'entendre, saint Chrysole annonce avec force et éloquence, les premières vérités naturelles; il prouve l'existence d'un seul Dieu auteur de toutes choses, l'immortalité de l'âme. Il déclare que les bons seront récompensés dans une vie qui ne finira jamais, mais aussi que les méchants seront tourmentés éternellement. Avec quelle noblesse et quelle énergie il leur parle du mystère de la Sainte-Trinité, d'un Dieu en trois personnes; il leur représente le fils de Dieu éternel et né dans le temps, mourant sur une croix pour nos péchés, et ressuscité pour notre justification. Il développe l'esprit de l'évangile, la sublimité de sa morale, et la sagesse de ses maximes. A ces paroles si entraînantes et si persuasives, notre saint patron ajoute pour preuve de la divinité de sa mission, des miracles frappants, de sorte qu'il peut dire avec J.-C.: « si vous ne croyez pas à mes paroles, croyez du moins à mes œuvres. » Il prie, et à sa voix les aveugles recouvrent la vue, les muets l'usage de la parole, les sourds entendent, les paralytiques quittent leur grabat, les maladies les plus incurables disparaissent.

Les conversions furent sans doute nombreuses; partout on abattait les idoles, et l'enthousiasme des doctrines de saint Chrysole allait toujours croissant.

Comines était le lieu le plus ordinaire de ses prédications, ce qui indique qu'il y avait là une population assez considérable. Après ses courses apostoliques, il en faisait sa résidence habituelle. Il recueillait déjà des fruits de salut. C'est à Comines que fut bénite la première église des Pays-Bas. Sur l'emplacement de l'église actuelle, Saturne et les autres divinités du paganisme avaient reçu les hommages dus au seul vrai Dieu. Ce même temple d'idoles devint un sanctuaire de J.-C. Saint Chrysole le dédia à l'apôtre saint Pierre. Telle est probablement l'origine des armoiries que Comines adopta plus tard, les clefs, emblême de la puissance que J.-C. avait donnée au prince des apôtres.

Le principal autel de l'église fut dédié à la Trinité; saint Chrysole était regardé comme le prédicateur par excellence de cet adorable mystère, principe de notre foi. *Trinitatis mysterium frequenter et prœlarè magno mentis ardore disserebat: ea propter sanctœ Trinitatis prœdicator fuit appellatus.* (Ex vitâ). C'est pour honorer le souvenir de la dévotion que saint Chrysole avait au mystère d'un seul Dieu en trois personnes, que l'on faisait avant le prolongement du chœur de l'église, trois fois le tour de l'autel où étaient déposées ses reliques, en récitant trois fois *Notre Père* et *Je vous salue Marie* à chaque tour. Cette pratique a lieu maintenant autour de la châsse qui, pendant la neuvaine, est placée au milieu de l'église devant la chaire (1).

C'était encore à Comines que saint Chrysole remplissait les principales fonctions de son ministère. Pour administrer la sainte Eucharistie aux fidèles, il se servait de la Canole dont il a été parlé plus haut, et qu'il portait toujours pieusement pendue à son cou (2).

Cependant, le ministère de Chrysole était trop fatal aux puissances de l'enfer, pour qu'elles n'entreprissent pas d'en arrêter le cour. Le bruit du succès et des miracles du saint, parvint bientôt aux oreilles du farouche Maximien, que Dioclétien s'était associé à l'Empire. La perte de saint Chrysole et des autres missionnaires évangéliques est arrêtée.

Rictiover, l'ennemi le plus acharné du nom chrétien, secondait alors avec passion les fureurs de Maximien. Ce n'était point assez pour lui d'avoir exercé les cruautés les plus inouïes à Trèves, rempli les amphithéâtres de chrétiens qu'il vouait à la mort, il avait sacrifié au Champ-de-Mars trois cohortes de la Légion Thébéenne, et fait supplicier un Consul et six Sénateurs.

Chrysole, présumant que les édits du cruel empereur ne tarderaient pas à avoir leur sanglante exécution, se

---

(1) Cette dévotion s'appelle dans tout le pays, *faire pirrintche.*

(2) C'est ainsi que saint Chrysole est représenté dans tous les anciens tableaux

mit en devoir de prémunir son troupeau. Il cherche à inspirer à ses enfants spirituels cette noble liberté chrétienne, qui ne craint ni les tortures, ni la mort; il leur montre le ciel pour récompense de leur fermeté. Son zèle et sa charité le font parcourir le territoire de Tournai et les environs du lieu, où plus tard se trouvera Lille. Il prêchait à Verlinghem, non loin d'un temple d'idoles, à une foule considérable, lorsqu'arrive Décius, l'un des officiers de Rictiover, avec ses satellites. Chrysole est aussitôt chargé de chaînes; on souille son visage de crachats, on le dépouille de ses vêtements, on l'accable de coups; sa chair vole en lambeaux, et le sang ruisselle de tout son corps. Calme et patient, notre glorieux martyr prie pour ses persécuteurs, et offre à Dieu son sang pour la conversion des peuples qu'il a évangélisés. Après l'avoir accablé des plus sanglants outrages, Décius ordonne de le mettre à mort et de lui trancher la tête.

Soit maladresse de la part du bourreau, soit mépris pour sa couronne épiscopale, on ne lui amputa que le sommet de la tête. La cervelle du Saint se répandit par terre, *Sparso in terram cerebro truncatus est*. Les soldats le voyant étendu sans mouvement, se retirèrent. Ils s'imaginaient que les chrétiens, privés de leur chef, retourneraient aux idoles, mais pour les confirmer dans la Foi, le ciel fera de nombreux miracles. Une fontaine que l'on voit encore de nos jours, jaillit à l'endroit même où le Saint a été frappé. La légende ajoute encore que saint Chrysole, laissé pour mort, se releva peu après que les soldats furent partis, et que ramassant la partie de sa tête que le glaive a séparée, il s'achemina vers Comines.

Nos pères le reçoivent avec transports, il entre dans l'église, dépose sur l'autel ce que la hâche a enlevé de sa tête et la Canole dans laquelle il conservait la sainte Eucharistie; puis s'agenouillant, il recommande à Dieu son âme et son peuple, et s'endort dans le Seigneur, tandis qu'une grande lumière venant du ciel, éclaire ses derniers moments.

Ce glorieux martyre arriva en l'an 303. Plusieurs chrétiens imitèrent la fermeté du pasteur, et moururent dans les tourments plutôt que de renier J.-C., comme le rapporte encore la légende. *Referuntur que complures cum eo passi, quorum nomina in libro vitæ scripta sunt.* Témoins de tant de merveilles, les habitants de Comines, si chers à saint Chrysole, se consolaient de la perte immense qu'ils venaient de faire, en pensant que le Saint ayant choisi sa sépulture au milieu d'eux, ils ne seraient point entièrement privés de la personne de leur père dans la Foi.

Son corps fut déposé au côté droit de l'autel de la Sainte-Trinité (1), au milieu des larmes et des prières de ses enfants spirituels.

Voici une prière assez curieuse qu'on trouve dans une histoire des Saints de la province de Lille, par le P. Martin l'Hermite, jésuite du XVIIe siècle (2) :

---

(1) Cet autel se trouvait probablement au lieu où l'on voit aujourd'hui le lutrin.

(2) Douay, Barthélémy Bardov, 1638, 1 vol. in-4°, page 27.

SAINCTS PIAT, CHRYSOLE,
ne sonnent que PIÉTÉ, TOVT OR;
PIÉTÉ DORÉE,
qui dorent de moissons, le bō TERROIR de Lille,
pour remplir les greniers de la PATRIE CÉLESTE :
BELLE AVBE de la FOY
qui de se rays dorez et dardez sur la terre,
nous promet un midi ardent de charité.
SANG D'VN PRIX EXCESSIF,
qui empourprent les lys de la belle PROVINCE,
cimentant les églises et la noble POLICE,
le TEMPLE du Dieu vivant et l'ESTAT temporel,
pourraient-ils bien crouler appuié fermement
sur ces PILIERS GEMEAVX,
COLONNES DE DIAMANT.

Au lieu d'éteindre la religion chrétienne à Comines et dans les environs, le sang des matyrs l'y rendit plus florissante. Comme partout ailleurs, le mot de Tertullien devait être vrai : *Sanguis martyrum semen christianorum*, sang des martyrs est une semence de chrétiens.

La paix rendue à l'église par l'édit de Constantin, fit faire à la religion chrétienne de nouveaux et plus rapides progrès. Cet état de tranquillité ne dura pas longtemps, les invasions des peuples barbares dans l'empire romain, allaient amener de nouvelles calamités.

CHAPITRE II.

Invasion des peuples barbares. — Dévastation des Francs. — Conversion de Clovis. — Saint Eloi ; il vient à Comines lever de terre les ossements de saint Chrysole. — Institutions monastiques, leur influence sur la civilisation du pays.

Après la mort de Constantin, l'affaiblissement graduel des Romains permit aux nations de la Germanie et du Nord, de franchir les limites qui leur avaient été imposées. Vers l'an 406, une horde redoutable, composée en grande partie de Vandales, se précipita comme un torrent sur le territoire de la Belgique ; Tournai et ses environs furent dévastés et pillés.

L'an 445, Clodion, roi des Francs, prend Tournai,

ruine et désole tout le pays. On voit dans Balderic quels désordres affreux furent alors commis par les Francs dans ces contrées. « La rage de ces païens obligeait les « fidèles à fuir dans de sombres retraites pour assister « aux saints mystères. Et quand les barbares parvenaient « à en rencontrer quelques-uns, ils les frappaient de « verges ou les immolaient par le glaive. La plupart, « réfugiés dans des caveaux ou conduits souterrains, y « périssaient étouffés. Ainsi, plus de prêtres, plus de « sacrifices; les traces du culte divin disparaissaient « partout. Les uns étaient précipités du haut des « ruines chancelantes, les autres dévorés par la flamme « des incendies. Quelques-uns néanmoins, survivant et « persévérant, se fortifiaient dans le devoir par de mu- « tuelles exhortations, afin de ne pas défaillir au moment « suprême. En surmontant la nature pour obéir à la « religion, il leur était doux de songer que du moins, « ils auraient une sépulture au sein de la patrie. Qu'avons- « nous besoin, s'écriaient-ils, de survivre à notre religion « sainte? ne vaut-il pas mieux mourir en même temps « qu'elle? Quiconque, cédant à la crainte, abandonnait « sa foi, était réputé sacrilége. Celui qui avait le courage « d'accomplir son sacrifice, était proclamé vainqueur et « triomphant. On voyait tomber au pied de l'autel les « prêtres revêtus de leurs insignes, et, parmi les cadavres « épars çà et là sur le sol, on les reconnaissait à leurs « ornements sacerdotaux. Mais ce n'était pas contre le « prêtre seul que s'acharnait cette fureur impie; le peuple « entier était voué au carnage. On violait à la fois les lois « de Dieu et les lois de l'humanité..... Le sang répandu

« dans les églises y restait stagnant. Personne ne se « présentait pour relever les morts et leur donner la « sépulture. Terres des Gaules, tu expiais ainsi ton « antique férocité (1). »

Après les Francs vinrent les Huns, au nombre de six cent mille, ayant à leur tête Attila qui se faisait appeler le fléau de Dieu. Le pays fut brûlé et ruiné ; la destruction était universelle.

Les épouvantables invasions de peuples barbares mirent obstacle aux travaux apostoliques, heureusement qu'elles furent de courte durée.

Dès l'an 484, le pape Félix III créa saint Eleuthère, évêque de Tournai. Comines, qui se trouvait sous sa juridiction, l'entendit plus d'une fois annoncer les vérités du salut.

La conversion de Clovis, après la victoire de Tolbiac, qu'il remporta, avec le secours de Dieu, sur les Allemands eut des résultats immenses. Baptisé avec trois mille des siens, ce premier roi chrétien des Francs entraîne bientôt la nation toute entière. Sous son gouvernement, l'action génératrice de la religion s'étendit de plus en plus (2).

---

(1) Chronicon Cameracense et Atrabatense. Lib. I, cap. 5. Cité dans le *Cameracum christianum*, p V.

(2) A cette époque, le diocèse de Tournai était borné au Nord par l'Océan, à l'Orient, par l'Escaut et par le diocèse de Cambrai, au Couchant par celui de Térouanne, depuis Nieuport jusqu'à Warneton

« Voici comment M. Le Glay expose l'histoire religieuse
« de cette époque. Lorsque, vers la fin du Ve siècle,
« Clovis succéda à son père Childéric, les Francs occupaient le Nord des Gaules depuis cinquante ans au moins.
« Les Empereurs d'Occident ne leur contestant plus cette
« conquête. Childéric, mort paisiblement à Tournai, avait
« reçu une sépulture splendide. Certes, le peuple qui décore avec tant de luxe le tombeau de l'un de ses chefs,
« n'était pas tout à fait barbare (1). On reconnaît dans ces
« magnificences funéraires, le sentiment de la dignité de
« l'homme, et le respect pour les dignités sociales. S'il
« est vrai, comme l'a remarqué un homme de génie, que
« ces dispositions morales du peuple Franc annonçaient et

---

sur la Lys, et ensuite par celui d'Arras au midi. Voyez : Wastelain, *Description de la Gaule Belgique*, p. 396.

Au moyen-âge, ce diocèse contenait sept cantons : 1° le Tournaisis ; 2° le Mélantbois ; 3° le Pevèle ; 4° le Courtraisis ; 5° le Gantois ; 6° la Flandre ancienne ; 7° le Mempiscus. (Id. p. 396).

Dans le Mélantbois se trouvait le Férain. (Id. 401)

Le Férain comprenait Lannoy, Roubaix, Tourcoing, Halluin, Roncq, Lincelles, Bondues, Neuville, Mouveaux, Croix, Deûlémont et Comines, qui était le chef-lieu.---Voir la carte du diocèse de Tournai, déposée à la bibliothèque de Lille.

(1) Le tombeau de Childéric fut découvert à Tournai en 1653. On trouva un squelette de cheval, une épée, le fer d'une hâche et celui d'un javelot rongé par la rouille, un étui d'or avec un stylet, pour écrire, diverses parcelles d'or, enfin un anneau avec ces mots gravés autour en caractères romains : *Childerici regis*.

« préparaient l'avènement des institutions féodales, on « peut dire aussi qu'elles préparaient plus sûrement encore « et plus prochainement les esprits à l'acceptation com- « plète du christianisme.

« Le régime municipal, l'idée d'un pouvoir suprême, « inviolable, sacré, et un ensemble de législation civile, « voilà à peu près ce qui restait alors de la domination « romaine dans ces contrées qui l'avaient subie pendant « plusieurs siècles ; mais ces éléments de civilisation per- « daient toujours de leur force dans la main des magis- « trats découragés. Il n'y avait de vitalité et d'énergie que « dans le clergé naissant. Lui seul pouvait diriger les « affaires, administrer les villes, établir une sage et bonne « police. Les évêques et les clercs devinrent donc les pre- « miers magistrats municipaux. Un article du Code de « Justinien voulait que les *défenseurs des cités*, bien ins- « truits des Saints Mystères, fussent choisis et institués « par les évêques et les notables.

« D'un autre côté, les barbares réclamaient volontiers le « conseil de ces hommes éclairés, qu'entouraient ces mer- « veilleux prestiges. »

Nous sommes ici à une des belles époques de l'église, de tous côtés, les dieux du paganisme tombent devant les apôtres de l'Evangile, qui font partout entendre leurs enseignements sacrés. Saint Vaast, catéchiste de Clovis, et Vigus, son disciple, prêchèrent à Arras et dans les environs; ils y fondèrent une abbaye célèbre. Saint Géri, à Cambrai, détruit les temples profanes et un bois consacré aux mystères diaboliques des faux dieux Saint Amand, après avoir évangélisé ces contrées, établit le siége de son apostolat à Gand, où il bâtit des églises chrétiennes sur les ruines des temples payens. Il amena à J.-C. une infinité de peuples. Saint Aubert, saint Vindicien, saint Liévin, saint Florbert, et un grand nombre d'autres saints personnages opérèrent en tous lieux de nombreuses conversions.

Un homme surtout jette un grand éclat à cette époque dans tout le pays ; c'est saint Eloi. Laïc édifiant, habile ouvrier, ministre distingué, conseiller consommé des rois, évêque infatigable, missionnaire zélé, Eloi sera l'oracle et le modèle des peuples, il sera l'homme de l'église et la gloire de notre belle France.

Eloi, nommé évêque de Noyon et de Tournai, en l'an 649, est sans contredit l'un des hommes le plus remarquables du VIIe siècle. Il n'entre point dans le cadre de cet ouvrage de parler avec détail de ses œuvres admirables. Disons cependant, qu'ami du roi Dagobert, il recevait de lui des libéralités immenses qu'il consacrait au soulagement des malheureux, veuves, pupilles, orphelins, religieux, prêtres, étrangers, voyageurs, églises, maisons de bienfaisance, tous avaient part à ses bienfaits. La longue histoire de sa vie n'est qu'une succession d'œuvres de charité. Il serait beau et touchant surtout de raconter son ardente charité envers les esclaves encore nombreux à cette époque, qu'on voyait arriver sur les marchés publics. C'étaient des Romains, des Gaulois, des Bretons, des Maures d'Afrique, des Saxons. Aussitôt qu'Eloi apprenait que quelqu'un allait être vendu, il se rendait en toute hâte au lieu indiqué, et il rendait à la liberté des hommes qu'il regardait comme ses frères (1).

Saint Eloi visita avec soin ses deux grands diocèses. Il convertit beaucoup d'idolâtres et bâtit des monastères et des églises. Ce grand évêque, au milieu de ses courses apostoliques, se délassait en levant de terre les corps des saints pour les placer avec honneur dans des châsses précieuses. Comme il avait souvent entendu parler de saint Chrysole et des miracles opérés par son intercession, il se rendit à Comines. Il y avait 353 ans que le corps de notre glorieux patron reposait au côté droit de l'autel de la Sainte-Trinité. Il leva de terre ses restes si chers aux Cominois avec toute la pompe et toute la solennité que demande une pareille cérémonie. Il plaça le saint corps dans une châsse d'argent artistement travaillée, ornée d'or et de pierres précieuses, et autorisa le culte de Chrysole avec éclat. Cette glorification eut lieu le 7 février 656. C'est encore le 7 février que l'on célèbre à Comines la fête du Saint, et un office se fait avec octave d'une manière fort solennelle.

Saint Eloi établit des prêtres pour chanter les louanges de Dieu, et pour honorer saint Chrysole comme l'un des premiers apôtres du pays. Cet établissement devint plus tard notre collégiale de Saint-Pierre qui subsista jusqu'à la grande révolution française.

---

(1) Voyez la *Vie des Saints du diocèse de Cambrai*, par M. l'abbé Destombes, et l'*Histoire de Tournai*, par Cousin, tom. II. P. 51.

Ces prêtres, commis à la garde de ces saintes reliques, devaient remplir toutes les fonctions du saint ministère, et faire l'office de curé. Quelques auteurs croient que saint Eloi, qui puisait à pleines mains dans les trésors de Dagobert, a doté lui-même cette communauté de prêtres comme il avait fait à Seclin (1) pour le corps de saint Piat.

C'est à cette époque, c'est-à-dire au VIIe siècle, que partout dans ces contrées s'élèvent des maisons religieuses qui seront des foyers de vertus et de civilisation. « Les premières prédications de nos missionnaires avaient « bien obtenu quelques succès (2), mais il ne faut pas « se faire illusion. Quelle que fût la grâce miraculeuse « attachée aux paroles et aux actes des Piat, des Chrysole, « des Vaast, des Géri, cette grâce n'eut d'abord que des « résultats partiels... L'apostolat évangélique commencé « par le sacerdoce individuel, devait se compléter par le « sacerdoce d'association. La force des choses, ou pour « parler plus juste, la gloire de Dieu appelait les insti- « tutions monastiques.

« Cinquante ans avaient suffi pour abattre le paganisme, « il fallut près de deux siècles pour détruire la bar- « barie des mœurs; les moines missionnaires y par- « vinrent (3).

(1) *Hist. de Tournai*, II, 73, par Cousin.

(2) *Cameracum christianum* de M. Le Glay, p. 9.

(3) *Cameracum christianum* de M. Le Glay.

C'étaient en général des Francs de races royales ou héroïques qui vouaient leur fortune et leur existence à Dieu et au service du prochain, avec le même entraînement qu'ils avaient porté sur les champs de bataille. Tels étaient saint Bavon, qui dota deux abbayes à Gand ; saint Trond, qui fonda l'Eeckhonte, saint Landelin, qui bâtit le monastère de Lobbes, saint Vincent, celui de Soignies ; sainte Gertrude, sainte Begge, sainte Vaudru, qui bâtissent et dotent des monastères dont plusieurs devinrent le berceau de villes importantes (1). En effet, les premiers apôtres de l'Evangile, en Belgique, se bâtissent, au milieu des peuples barbares qu'ils viennent de convertir, une cellule et une petite chapelle couverte de chaume, autour de cette pauvre chapelle on voit s'agglomérer de nombreux et fervents néophytes ; tel est le commencement du monastère, et telle est l'origine de beaucoup de villes de Flandre, la réunion des premiers chrétiens sous l'égide d'une pauvre église. C'est là le premier symbole de nos sociétés modernes. Le donjon et le beffroi ne viennent qu'après (2).

« Les moines du VIIe siècle, » dit M. Paillard de Saint-Aiglan, cité dans le *Cameracum*, par M. Le Glay, « furent « surtout d'infatigables laboureurs ; ce sont eux qui ont « défriché nos sombres forêts, rendu à la culture les ma-

(1) Kervyn de Lettenhove.

(2) Le Glay.

« rais qui couvraient plus de la moitié de notre sol, « fécondé nos landes et nos déserts. Oh ! qu'il était beau « de voir des mains sanctifiées remuer vaillamment la « bêche et le hoyau. »

La croix et la charrue, dit M. de Reiffenberg, ont commencé la civilisation moderne.

Ainsi, dans les deux siècles qui suivirent saint Eloi, la religion s'étendait et prospérait dans tout le pays, et conséquemment à Comines. Les principes chrétiens se développaient de plus en plus dans tous les rangs de la société, et avec eux le sentiment du devoir dans toutes les conditions.

CHAPITRE III.

Invasion des Normands. — Fléaux qui accablèrent la Flandre. — Chemin des homicides. — Assemblée d'Audenarde. — Les reliques de saint Chrysole à la dédicace de la Collégiale de Saint-Pierre de Lille. — Le Cominois Burchard aux croisades.

De mauvais jours allaient se lever pour Comines. La main de fer qui avait constitué la société et comprimé les efforts des barbares n'existait plus; l'empire de Charlemagne chancelait et menaçait de se dissoudre. Des divisions intestines le déchiraient, et les terribles Normands accouraient portant partout le fer et la flamme.

Ces hommes du Nord que les évêques de France avaient essayé de convertir, et qui avaient été refoulés tant de fois au-delà de l'Elbe, fondent vers l'an 825, sur ces contrées, brûlent les villes et égorgent les populations. Les églises, les abbayes qui se trouvent sur leur passage sont réduites en cendres. En 880, ils prennent et saccagent presque toutes les villes de Flandre, principalement Arras, Tournai et Comines (1).

Le spectacle que présentait cette contrée à la fin du IXe siècle était bien triste. On n'y trouvait plus, dit M. Kervyn de Lettenhove, que des villes ruinées, des églises renversées, des campagnes stériles où se réunissaient quelques flamands fugitifs et quelques familles ménapiennes que le fer et la flamme des ennemis avaient épargnés.

Après ces grands troubles, le pays fut assez tranquille pendant un siècle. La religion prit de nouveaux développements, et le nombre des églises augmenta considérablement.

Mais vers la fin du Xe siècle, de nouveaux désordres éclatèrent dans la Flandre. Les ducs, les comtes se font entr'eux la guerre, et tyrannisent les peuples. Ceux-ci

(1) Buzelin. La terreur qu'inspiraient les Normands était telle, qu'il y eut longtemps dans les litanies un verset ainsi conçu : *A furore Northmannorum, libera nos Domine.* De la fureur des Normands, délivrez-nous, Seigneur.

ne trouvent de soulagement à leurs maux que dans la protection des évêques, des abbés et des prêtres, qui ne cessent de s'interposer entre les seigneurs, pour faire cesser ces guerres destructives où le sang des peuples coule à grands flots.

C'est sans doute à cette époque que furent établis dans nos contrées les asiles ou lieux-francs où les criminels, et les gens soupçonnés de crimes se réfugiaient. Ne serait-ce pas là l'origine du chemin des homicides, ou du franc Lincelles, qui traverse notre territoire, près du hameau de Sainte-Marguerite et qui va jusqu'au pays de Lalleu ?

On sait que ces chemins de franchise furent presque tous accordés à cette époque aux instances du clergé, afin de fournir un refuge aux innocents accusés, de laisser ainsi aux juges le temps d'examiner mûrement le cas incertain et douteux, de mettre les accusés à couvert de voies de fait, enfin de donner lieu aux évêques et aux prêtres d'intercéder pour les coupables, ce qu'ils faisaient souvent. Ces asiles ont sauvé la vie à un grand nombre d'innocents, injustement poursuivis par la fureur des vengeances particulières qu'on regardait comme permises à une époque où il n'y avait pour ainsi dire d'autres lois que celle du plus fort.

Mais, revenons à notre récit que nous empruntons presqu'entièrement à M. Kervyn de Lettenhove. « L'accord unanime de superstitions populaires, avait fixé à l'an mil, la fin du monde. A mesure que cette époque devenait moins éloignée, les terreurs augmentaient, l'imagination des peuples se montrait de plus en plus vivement frappée, et dans les malheurs qui l'accablaient, il crut apercevoir des signes précurseurs des prophéties. En 1007, une peste épouvantable désola tout notre pays, elle se déclara de nouveau vers 1012. Ses ravages étaient prompts et affreux. Plus de la moitié de la population succomba, et, parmi ceux qui survécurent, il n'y en avait point, dit un agiographe qui, en rendant les derniers honneurs à leurs parents, ne s'attendissent à les suivre bientôt dans le tombeau.

« Aux ravages de la peste, succédèrent ceux des inondations et d'une famine cruelle qui se répandit sur toute la terre et menaça les hommes d'une destruction presque complète. Les éléments conspiraient contre les hommes. Les tempêtes arrêtaient les semailles, les inondations ruinaient les moissons. Pendant trois années, le sillon resta stérile. »

C'est dans ces tristes circonstances qu'on voit plusieurs seigneurs affranchir les colons de leurs domaines dans l'attente de la fin du monde. En France, et dans la Flandre, les guerres particulières furent suspendues par la *trêve de Dieu*. Il semblait véritablement que le monde allait finir et que son heure fatale devait bientôt sonner. Mais cette société qui se croyait sur le point de mourir, allait revivre et montrer tout ce qu'elle renfermait en elle-même de force, de puissance, de foi et d'héroïsme.

Le XIe siècle voit s'ouvrir une ère nouvelle. Les hommes éprouvés par de longs malheurs sentent le besoin de se rapprocher. « Ne songez plus, répètent les évêques, « à venger votre sang ou celui de vos proches, mais par- « donnez à vos ennemis. » Dès-lors, l'élément chrétien se montre partout et souvent réussit à dominer cette nature barbare où fermentent tant de passions impétueuses.

« A la suite de déplorables divisions suscitées en Flandre par Bauduin IX, le barbu, on tint une assemblée solennelle à Audenarde, et là, en présence de l'évêque de Tournai et de tous les nobles de Flandre, on apporta les reliques les plus vénérées de saint Amand, de saint Bertewin, de saint Vaast, de saint Chrysole, très-probablement et d'autres saints illustres. C'est sur ces saintes reliques que la paix est proclamée et que tous les nobles jurèrent de la respecter. »

En 1007, Bauduin V, dit le pieux, celui qui fit ceindre de murailles la ville de Lille, succéda à son père, et se rendit illustre par ses exploits, sa piété et ses bienfaits. Il s'opposa énergiquement à l'humeur belliqueuse des seigneurs en faisant publier dans ses Etats la trêve de Dieu. Devant lui, dit Guillaume de Poitiers, s'inclinent les ducs, les rois, les archevêques, qui ont en lui la plus grande confiance, et le regardent comme leur meilleur conseiller. Henri Ier, roi de France, lui confia la tutelle de son fils, Philippe Ier, que nous voyons à la dédicace de la collégiale de Saint-Pierre de Lille, fondée par le comte lui-même et où, par ses ordres, avait été placée l'image vénérée de Notre-Dame de la Treille.

Cette cérémonie si imposante et si solennelle avait rassemblé, non-seulement tout ce que le clergé avait de vénérable, tout ce que la chevalerie avait de brillant, mais encore tout ce que la terre de Flandre comptait de saint et d'illustre. Là, paraissaient, en effet, dans des châsses magnifiques, les reliques de saint Piat de saint Eubert et de saint Chrysole qui, les premiers, avaient évangélisé ces contrées où la foi jetait alors tant d'éclat (1).

A Bauduin-le-Pieux succéda Bauduin-le-Bon, qui ne régna que trois années et fut pleuré si longtemps par ses peuples.

Arrive Robert-le-Frison qui rend le pays malheureux, en opposant ses impétueuses passions à l'influence civilisatrice du christianisme; mais, vaincu par saint Arnould, qui se présente à lui au nom du ciel pour lui reprocher ses forfaits et lui annoncer les châtiments que Dieu réserve à son impénitence, le fier seigneur s'humilie pour la première fois en déclarant qu'il cède aux volontés du ciel.

La mission de saint Arnould, l'un des événements les plus importants de l'histoire de Flandre, montre au grand jour l'immense et salutaire influence du clergé au moyen-âge.

Mais, Robert, si miraculeusement changé, et ses peuples eux-mêmes sont trop habitués à guerroyer pour rester en repos. Il leur faut des combats ; le sang barbare bouillonne toujours dans leurs veines. L'Eglise profitera de leurs dispositions belliqueuses pour leur faire entreprendre des guerres religieuses et nationales, qui refouleront l'islamisme en sauvant l'Europe de son invasion. Mais, hâtons-

(1) *Histoire de Notre Dame de la Treille*, par Me Mathilde Froment, p. 11.

nous de le dire, la généreuse pensée de délivrer le tombeau du Christ, jetée dans le monde par un pape français, Sylvestre II, fut accueillie en Flandre avec enthousiasme, et Comines revendiqua avec un légitime orgueil un des noms les plus glorieux qui brillèrent à l'époque des croisades. Oui, dit Kervyn, si la croisade est l'œuvre des races franques, la Flandre les y précèdera toutes. Même avant les prédications si célèbre de Pierre-l'Ermite, la hâche flamande défendra en Palestine la justice et la foi.

En l'an 1085, le comte Robert-le-Frison, après avoir confié le gouvernement de la Flandre à son fils Robert-le-Jeune, se dirigea vers la Syrie, avec Bauduin de Gand, Walner de Courtrai, Burchard de Comines (1), Gratien d'Ecloo, Hercmar de Somerghem et une foule d'autres chefs intrépides, que l'on trouve cités dans beaucoup d'auteurs. Tous ces chevaliers, au nombre de cinq cents, arrivèrent devant Saint-Jean-d'Acre et contribuèrent puissamment à la défense de Nicomédie, qu'assiégeait le sultan de Nicée. Cette faible, mais intrépide troupe peut être considérée, dit M. Le Glay, comme l'avant-garde des premiers croisés.

Notre Burchard, après avoir visité les lieux saints et le tombeau de sainte Catherine, sur le mont de Sinaï, revint en Flandre, d'où il repartit bientôt, avec Robert-le-Jeune,

---

(1) Kervyn et Buzelin.

comte de Flandre, pour se couronner de nouveaux lauriers, 1095.

On sait qu'à la parole émouvante de Pierre-l'Ermite, l'occident s'ébranla, l'assemblée entière, au concile de Clermont, enthousiasmée par l'éloquence inspirée d'Urbain II, s'était écrié : « *Dieu le veut! Dieu le veut!* » Trois cent mille hommes partirent pour la Palestine, ayant à leur tête le comte de Flandre et ses seigneurs, et parmi eux Burchard, avec une troupe qu'il avait équipée (1). Il partagea la gloire de ses valeureux et illustres compagnons qui, après plusieurs victoires, entrèrent en vainqueurs à Jérusalem ! 15 juillet 1099.

(1) Burchard fit probablement ses recrues à Comines.

CHAPITRE IV.

Fondation de la collégiale de Saint-Pierre de Comines.

Quelques auteurs pensent, comme on l'a vu plus haut, que l'église de Saint-Pierre de Comines, devint collégiale lorsque saint Eloi, après avoir rendu de solennels honneurs à saint Chrysole, établit des prêtres pour chanter les louanges de Dieu , et veiller à la garde de ses saintes reliques; mais comme dit Buzelin, nous n'avons aucun monument authentique qui confirme cette assertion. D'après ce savant annaliste, il n'est point vraisemblable que ce chapitre ait été fondé avant l'année 1146.

ARMOIRIES ET SCEL

De la Collégiale de St Pierre

DE COMINES.

Buzelin et Jacques Legroux pensent qu'il fut fondé et doté par un seigneur de Comines.

Ce qui est bien certain, c'est que, en 1196 (peut-être à l'occasion de l'élection d'un curé), il y eut un débat entre la collégiale de Comines et l'évêque de Tournai, pour savoir laquelle des deux autorités devait nommer le curé, l'évêque Etienne s'arrogea pour lui et ses successeurs, le droit d'établir le curé de Comines, à condition que celui-ci jurerait de respecter les droits des chanoines aussi bien que ceux de son évêque (1).

Ce diplôme qu'Aubert le Mire a conservé, nous offre des points très-curieux. Voici ce qui était assuré au curé : (2)

La quatrième part des offrandes, à savoir: des deniers, du pain, du vin, des cires, des œufs.

La quatrième part des petites dîmes, à savoir : des agneaux, des veaux, des porcs, des oies, du miel et du lin.

---

(1) Miræus. *Supp. dip.* part III, cap. 94, p. 1200.

(2) *Hæc sunt quæ assignatæ sunt presbytero ; quarta pars oblationum, videlicet denariorum, panis, vini, candelarum, ovorum.*

Quarta pars etiam minutarum decimarum, scilicet, agnorum, vitulorum, porcorum, anserum, mellis et lini.

Quarta pars etiam denariorum qui solvuntur de hortis. Ex tribus aliis partibus, duo habebunt canonici, tertiam, episcopus.

Prætcrea assignatæ sunt presbytero introductiones, confessiones, quatuor denarii nubentium, visitationes, donationes decedentium, in quibus neque episcopus neque canonici vel eorum vicarii aliquid percipient. Miræus. (cap. 132, p. 1230)

La quatrième part des deniers que l'on perçoit sur les jardins; des trois autres parts, les chanoines en auront deux, et l'évêque, la troisième.

En outre appartiennent au curé, les droits des relevailles, des confessions, les quatre deniers des époux, les offrandes des pélerins, les frais de sépulture. Sur toutes ces choses, ni l'évêque, ni les chanoines ou leurs vicaires, ne pourront rien prétendre. Il était dit aussi que, si quelqu'un donnait aux chanoines ou à leurs vicaires certaines aumônes ou rentes, le curé n'avait droit à rien.

Cet accord fut signé d'une part par l'évêque de Tournai; et de l'autre, par Bauduin et les chanoines de Comines.

En 1009, Arduin, 37e évêque de Noyon et de Tournai, avait aliéné le patronage de l'église de Comines, en le donnant au comte de Flandre, Bauduin à la belle barbe, parce que celui-ci l'avait reçu et protégé contre Robert, roi de France, dont Arduin avait encouru la disgrâce. Avec le patronage, ledit évêque avait cédé la collation des bénéfices de l'église, et aussi toutes les dîmes auxquelles cette église avait droit. Mais cette donation ne devait avoir lieu que pendant quatre générations des descendants dudit comte. Celui-ci accorda ce patronage et la jouissance des dîmes au seigneur de Comines, Bauduin, à cause des services qu'il en avait reçus.

Radbot, évêque de Noyon et de Tournai, présenta ses réclamations à Robert-le-Frison, qui était le quatrième comte après Bauduin-le-Barbu. Mais si Robert eut l'intention d'accéder à la demande de l'évêque, il ne put accomplir sa promesse. Voici ce que dit la chronique de Tournai : *Hic comes compunctus, episcopo se ea redditurum spopondit, sed antequam de manibus militum ea tenentium libera fierent, morte præventus, non implevit quod proposuerat.* Le comte, touché des motifs allégués, promit aussitôt à l'évêque de le remettre en possession de ses droits, mais il fallait auparavant qu'ils fussent dégagés des mains du seigneur qui en avait la jouissance. Prévenu par la mort, il ne put réaliser ce qu'il s'était proposé (1).

En l'année 1146, l'évêque de Tournai n'était pas encore rentré dans ses droits (2).

Un siècle plus tard (1250), Walter, aussi évêque de Tournai, voyant que le temps marqué était écoulé depuis longtemps, prétendit rentrer dans ses droits. Ce ne fut pas sans quelques contestations de la part de Bauduin, seigneur de Comines, contestations qui furent heureusement terminées par Marguerite, comtesse de Flandre et de Hainaut. Cette princesse s'étant fait expliquer le sujet du différent, reconnut le droit réel de Walter, et déclara qu'elle n'avait aucun droit sur l'église de Comines. En même temps, elle remit ledit droit de patronage avec celui de conférer les prébendes et canonicats sur le grand autel de la collégiale, au profit dudit évêque, en présence de plusieurs prêtres et seigneurs. Cet accord fut ratifié peu de temps après par le pape Alexandre IV.

En conséquence, l'évêque de Tournai, comme prévôt

---

(1) Buzelin, *Gallo flandria*, p. 330.

(2) *In præsenti anno* **1146** *nondum vidimus ea ad episcopum rediisse.* Buzelin *Gallo flandria*, p. 330

de cette église, conféra depuis les prébendes qui étaient au nombre de douze.

Pour prévenir toute difficulté entre ledit évêque et les seigneurs de Comines au sujet de leur juridiction temporelle, à Comines, l'évêque reconnut Bauduin pour son avoué, et lui céda la juridiction temporelle qu'il avait en ladite ville ; seulement, il fut stipulé que les sergents et officiers de l'évêque pourraient lever certaines rentes, la moitié d'*affourage*, les droits d'entrée et de sortie, et autres droits, comme cela se pratiquait depuis longues années. Lesdits officiers pourraient aussi y lever des amendes jusqu'à deux sols (1).

Ce fut probablement à cette époque 1250 ou antérieurement, que le château de l'évêque de Tournai fut bâti dans l'endroit qui porte aujourd'hui le nom de *Biscopo*, en flamand Bischophof; là habitait le bailli qui avait ses adjoints, comme on peut le voir dans les chartes de l'hôpital, qui se trouvent copiées dans un registre, page 73 (2).

---

(1) Miræus. Cap. 132, p. 1230; Cap. 133 p. 1231; Cap. 134 p. 1234.

Buzelin. *Gallo flandria*, p. 330. — Edward Leglay. *Cameracum christianum*, p. 131.

(2) A tous ceux qui ces présentes lettres verront, je Rolland Mainfroot, bailli de monseigneur l'évêque de Tournai, à cause de son fief et seigneurie situé en la paroisse de Comines, nommé *Ten Walle*, suffisamment fondé et établi, et nous Jean Tacoen, Passchier Pillin, Jean Van Torrout, Joseph Van Belle et Gilles Kensoen, échevins dudit évêque, etc.

On peut voir aussi quelles étaient les possessions de l'évêque de Tournai, à Comines, au XIVe siècle. A la page 25e du même registre, nous lisons que ledit évêque a donné en l'année 1326, au chapelain de la chapellenie de Saint-Jacques, fondée en l'hospice de Notre-Dame, tant en blé qu'en avoine à perpétuité, jusqu'à la valeur de quinze livres, argent de Flandre, de rente annuelle de son propre bien, lesquels blés et avoines, ledit chapelain doit recevoir à toujours de ses fermiers, savoir : de Jean de Roda, trente havots de froment ; de Tristan de Roda, quarante havots de froment ; de Willem, dit Wouterman, huit razières et un franquart de froment ; de Willem de Busco et d'Allard Leclercq, dix dosseaux d'avoine ; Item dudit Willem Wouterman, sept dosseaux et demi d'avoine ; d'Eloy Leclercq, sept havots et demi d'avoine et sept havots et demi de froment ; de Rolland Leprêtre, dix-huit dosseaux d'avoine ; et d'Helain de Gand, treize dosseaux d'avoine ; de l'Hôpital de Comines, huit dosseaux d'avoine et huit havots et un franquart de froment, le tout mesures de Comines, etc.

Les revenus des chanoines de Comines, consistaient 1° en propriétés foncières ; 2° en dîmes ; 3° en petites rentes ; presque toutes les maisons étaient grevées d'une rente minime, dont les plus fortes étaient de quatre livres parisis pour trois années ; 4° enfin, ils avaient certains droits dans les oblations et offices de l'église (1).

(1) On sait que la bibliothèque du chapitre qui se trouvait à l'endroit

Leur règle établissait pour les clercs, la vie commune avec des observances qui se rapprochaient de celles des moines, autant que le permettait la différence d'état. Dans le principe, les chanoines de Comines habitaient en commun. Ils n'étaient point soumis à la pauvreté de la vie religieuse. En donnant à l'église la propriété de leurs biens, ils pouvaient s'en réserver les fruits avec la disposition de leurs meubles. Ils pouvaient également disposer des aumônes qu'on leur donnait. On leur permettait de sortir, mais ils devaient être rentrés pour l'heure des complies. Après ce moment, la porte était fermée jusqu'au lendemain. L'occupation des chanoines était la prière et l'aumône. Les matines se chantaient à deux heures du matin, et les autres offices étaient distribués suivant les usages de l'église romaine.

Il est vrai que cette vie commune avait cessé depuis longtemps; les chanoines vécurent séparément ; dès lors, les matines ne se chantaient plus à deux heures du matin, mais vers le soir. Les autres offices continuèrent à se faire solennellement jusqu'à la grande révolution.

---

où est aujourd'hui la petite sacristie, fut dispersée et brûlée à la révolution de 1792. Registre du chap. tenu par M. Philippe-Chrysole Lambin, receveur du chapitre.

CHAPITRE V.

Un mot des seigneurs de Comines. — Lambert de Guines. — Jean de Comines. — Fête des Louches.

Notre intention n'est point de parler avec détail des seigneurs de Comines, ni de nous étendre sur leur généalogie. On trouvera plus loin les noms de ceux qui offrent un caractère religieux, ou vraiment historique.

Il est cependant nécessaire pour l'intelligence des faits qui ont rapport à cette histoire, de montrer en peu de mots la succession des différentes familles seigneuriales.

De temps immémorial, il y eut des seigneurs à Comines. Le premier dont il soit fait mention, est Bauduin, auquel le comte de Flandre Bauduin-le-Barbu, donna les dîmes et le patronage de l'église de Comines, en l'année 1009.

Burchard, l'un des héros de la première croisade, est le second que nous voyons cité dans l'histoire (1085).

En l'an 1196, un Bauduin, seigneur de Comines, signe à Tournai un concordat passé entre lui et l'évêque de cette ville, et les chanoines de notre collégiale de St-Pierre.

En 1209, on trouve un Bauduin, seigneur de Comines, avec son fils Bauduin, châtelain d'Aire, qui absolvent de toutes charges Mabilia de Rosne et ses filles. Le même Bauduin le jeune, avec Mahault, sa femme, eurent certain débat avec un Daniel, avoué d'Arras, en 1216 (1).

En 1250, Walter, évêque de Tournai, reconnait pour son avoué, Bauduin, seigneur de Comines. En 1267, le même Bauduin accorde à Griffons de Warneton, la permission de vendre quatre bonniers de terre d'un fief qu'il tenait de lui.

La terre de Comines passa depuis à Messire Hellin de Waesières, lequel en 1309, ayant égard aux difficultés du chemin qui allait de Comines à Ypres, donna à cette dernière ville, *pour la réfection dudit chemin*, *la maille de chacun cheval, char ou charrette*, *chargées en l'échevinage dudit Comines*. Hellin de Waesières laissa cette terre à Jeanne de Waesières, sa fille, laquelle fut alliée à

---

(1) *Recherche des antiquités et noblesse de Flandre*, par Philippe de l'Espinoy. P. 130 et 131. — Le seigneur de Comines était un des quatre haut Justiciers de la province de Lille.

Messire Collart de la Clyte, et était dame d'Halluin et de Comines.

La seigneurie de Comines échut à Messire Jean de la Clyte, fils de Collart, lequel fut célèbre à la cour de Bourgogne. Il laissa pour unique héritière, une fille Jeanne qui fut mariée à Jean, seigneur d'Halluin. De ce mariage, naquit au château de Comines, en 1470, Georges, seigneur d'Halluin et de Comines. Nous parlerons plus tard de ce philologue célèbre.

Georges, qui avait épousé Antoinette de Sainte-Aldegonde, eut de son mariage Jean, seigneur d'Halluin et de Comines, lequel marié avec Jeanne de Lannoy, eut pour héritière Jeanne d'Halluin, qui apporta les terres de Comines et d'Halluin avec toutes ses autres seigneuries, à Messire Philippe de Croy, duc d'Arschot. Les descendants de Philippe de Croy possédèrent cette terre jusqu'au commencement du XVIIIe siècle, époque où elle fut cédée à la famille d'Orléans. Au début de la révolution française, 1792, la seigneurie de Comines fut vendue au profit des créanciers de Philippe-Egalité, à Mme de Loose, née Jeanne Amelot, qui ne laissa qu'une héritière mariée à M. Edouard de Potter, dont l'unique fille Marie Ghislaine de Potter, se maria avec M. le comte Jean-Baptiste d'Hane de Steenhuyse. Par son testament, Mme d'Hane, décédée à Nice, en 1844, institua son mari légataire universel, à l'exception du domaine de Comines, dont elle légua la nue-propriété à son beau-frère, M. Edmond d'Hane.

La ville de Comines conservera toujours le souvenir de ses seigneurs, auxquels elle doit, en partie du moins, ses maisons de bienfaisance : l'hôpital Notre-Dame, l'hôpital du Saint-Esprit, ou Gheesthuys, les anciennes Sœurs-Grises. La famille Steenhuyse, non moins illustre par son antique noblesse que par ses vertus éminentes, porte encore aujourd'hui beaucoup d'intérêt à notre pays, et contribue chaque année au soulagement des misères, par des aumônes toujours considérables.

Deux évêques illustres, dont l'un devint cardinal, sortaient de nos familles seigneuriales. Lambert de Guines et Jean de Comines.

Lambert de Guines, archidiacre de Thérouanne et chantre de Saint-Pierre, à Lille, fut sacré à Rome, en qualité de premier évêque d'Arras, par le pape Urbain II, l'an 1094. Il plut tellement aux Romains, qu'ils voulaient le voir cardinal et évêque d'Ostie. Ce prélat, dit Jacques Legroux, était de la famille des seigneurs de Comines (1).

Jean de Comines fut chanoine de Saint-Pierre, à Lille, puis religieux au mont Saint-Éloi, enfin nommé évêque de Thérouanne, où il mourut en odeur de sainteté, en l'an 1130 (2).

Terminons ce chapitre en disant un mot de la fête des Louches ; voici ce qu'en rapporte un écrivain distingué (3) :

« Les habitants de l'ancienne province de Flandre

---

(1) Manuscrit de Jacques Legroux. — *Délices des Pays-Bas*. Tome III, page 72. — *Histoire de Tournai*, par Cousin. Tome III, page 187.

(2) *Délices des Pays-Bas*. Tome III, page 126.

(3) A. Dinaux.

« étaient jadis et sont encore en possession de jouir « d'une multitude de fêtes fort inconnues à toutes les « autres contrées, et passablement bizarres par les céré- « monies et les représentations qui les accompagnent. « Les Flamands, très-fidèles à leurs habitudes, ont perpétué « toutes ces vieilles coutumes, surtout lorsqu'elles étaient « l'occasion de divertissements et de récréations. Nous « citerons comme exemple la petite ville de Comines-sur- « la-Lys, dont moitié appartient aujourd'hui à la Belgique « et moitié à la France, parce qu'elle est divisée en deux « parties par la rivière de la Lys, qui forme maintenant « la limite des deux pays. Cette cité franco-belge, a « conservé intacte jusqu'au siècle dernier, une pratique « singulière, qui a même laissé des traces jusqu'à nos « jours.

« Chaque année, le 9 octobre, fête de Saint-Denis, « s'ouvre dans cette commune une foire pendant laquelle « on jette au peuple une quantité de ces grosses cuillers « en bois que l'on nomme *Louches* en Wallon. Il y avait « en même temps toutes les récréations, fêtes et ré- « jouissances qui accompagnent ordinairement les foires « en Flandre.

« Une ancienne tradition explique l'origine de cette « *fête des Louches*, par l'emprisonnement du seigneur du « pays dans un fort donjon, où il était privé de toute « communication avec le reste des humains. Il était « victime d'un usurpateur qui jouissait de ses grands « biens pendant sa séquestration forcée. Le noble et « malheureux prisonnier parvint à faire connaître son « existence à un couvreur qui travaillait au-dessus de

« son cachot, en jetant à travers les barreaux de fer de
« sa cellule, tout son modeste ménage de bois avec lequel
« on lui servait à manger, et qui consistait principalement
« en petites louches. Cette circonstance donna l'éveil;
« on devina bientôt que pouvait être ce mystérieux
« captif, et sa délivrance fut la suite heureuse de ce fait.
« Pour en perpétuer la mémoire, le seigneur fonda une
« foire franche à Comines, et une fête où des louches en
« bois furent libéralement jetées au public. Cette coutume
« qui paraît si singulière, doit, comme on le voit, son
« origine à un sentiment honorable, à la reconnaissance
« qui se perd souvent si vite chez les petits et chez les
« grands. »

CHAPITRE VI.

Caractère religieux des XIIe et XIIIe siècles. — Trouble dans le pays. — Les reliques de saint Chrysole transportées à Bruges.

Nous avons laissé Burchard de Comines, triomphant à Jérusalem avec les héros de la première croisade; fut-il enseveli dans un glorieux trépas, ou revint-il en Flandre, en 1100 avec Robert, qui fut reçu dans ses Etats avec le plus grand enthousiasme ? C'est ce que l'histoire ne nous apprend pas.

De nouvelles croisades sont encore prêchées et l'on voit les plus braves guerriers de la chrétienté y prendre part. Dans la Flandre, c'est Thierry d'Alsace qui combat avec acharnement les infidèles et meurt dans un cloître d'une ophtalmie qu'il a contractée dans son expédition (1168). C'est Philippe d'Alsace qui gagne deux batailles sur les Sarrasins, et rapporte d'Orient le bouclier d'un chef ennemi qui portait un lion noir sur un fond d'or; ce bouclier servira désormais d'armoiries aux comtes de Flandre. C'est Bauduin IX qu'attendaient à la fois une si haute destinée et une mort si cruelle (1206).

Si des mémoires authentiques ne disent pas quelles traces de sang ont laissées les guerriers de Comines et leurs seigneurs lorsqu'ils accompagnaient les comtes de Flandre aux Croisades, ils nous font du moins connaître les actes de charité et de bienfaisance qui caractérisent cette époque de foi profonde et agissante, et révèlent si bien le véritable esprit de l'église.

« Jamais peut-être l'épouse du Christ n'avait régné avec un empire si absolu sur la pensée et sur le cœur des peuples (dit M. de Montalembert dans son introduction à l'histoire de sainte Elisabeth); elle voyait tous les éléments anciens contre lesquels elle avait eu à se débattre si longtemps, enfin, vaincus et transformés à ses pieds. L'Occident tout entier ployait avec respect sous sa loi sainte. Dans la longue lutte qu'il lui a fallu soutenir depuis sa divine origine contre les passions et les répugnances de l'humanité déchue, jamais elle ne les a plus victorieusement combattues, plus fréquemment domptées. Certes, sa victoire était loin d'être complète, et ne pouvait l'être puisqu'elle est ici pour combattre, et qu'elle attend le ciel pour triompher. »

La Flandre surtout donnera au monde les témoignages

les plus éclatants de sa foi religieuse, et l'on peut dire que l'histoire générale, politique, commerciale du pays se confond avec celle de la religion qui préside à tout et règle tout pour le bonheur des peuples.

A Comines, en particulier, sont fondés et dotés à cette époque la Collégiale de Saint-Pierre, l'hôpital de Notre-Dame, l'hôtel du Saint-Esprit et la maison des Béguines. Ces fondations ont toujours un motif religieux, le salut de l'âme, l'expiation de quelque crime ou de quelqu'injustice. En 1196, Bauduin et Marguerite sa femme donnent « six cents de pré » à l'hôpital dans un but de charité et pour le soulagement de leurs âmes (1) En 1209, Bauduin, seigneur de Comines, donne la liberté et absout de toutes charges, Mabilia de Rosne et ses filles, à savoir, Clémence, Adelise, Adæ, Enguin et Ide. Il a soin de remarquer qu'il agit ainsi pour que Dieu veuille lui pardonner ses péchés et le recevoir en sa sainte grâce (2). En 1222, Bauduin, seigneur de Comines et sa femme Gertrude, donnent pour le salut de leurs âmes et de celles de leurs prédécesseurs, un havot de blé de chaque muid provenant des moulins, à l'hôtel du Saint-Esprit, et la boucherie à l'hôpital seul (3). Le même Bauduin avec sa femme ont donné, en 1230, pour Dieu et en aumône pour le salut de leurs âmes, à

---

(1) Registre de l'hôpital, p. 46.

(2) Recherche des antiquités et noblesse de Flandre, par le comte Philippe de Lépinoy, p. 131.

(3) Registre des chartes de l'hôpital, p. 6.

l'hôpital Notre-Dame, le rapport de la fontaine, dite Trespuis (1).

En 1227, Bauduin donne une razière de froment à prendre du moulin le jour de la Saint-Mathieu, à la charge d'un obit pour sa femme, qui doit se faire la veille de la Saint-Michel, avec cinq chandelles et cinq deniers en argent (2).

Vers la même époque, Bauduin, seigneur de Comines, pour le salut de son âme et celui de ses prédécesseurs, institue en l'hôpital de la ville de Comines, la chapellenie en l'honneur de Dieu et de saint Jacques, apôtre.

Relatons encore une charte bien intéressante d'un Bauduin, seigneur de Comines qui, en l'année 1276, déclare *que pour le salut de son âme, de son père, de sa mère et de ses sœurs, pour le profit de la ville de Comines, et pour restitution des torts faits par lui ou ses ancêtres à sadite ville, il a, de sa bonne volonté, quitté irrévocablement et à toujours à ses échevins et à toute la communauté de ladite ville, les quatre deniers d'étalage que chacun des bourgeois de Comines lui devait, chaque an, payer au Noël, plus, le service de foner son foin et toutes corvées. Plus, leur a aussi quitté irrévocablement et à toujours les profits de la halle de Comines, les mesurages des blés et des trémois (autre grains), qu'on fait en ladite halle et ailleurs dans ladite ville* (3).

(1) Registre des chartes de l'hôpital, p. 11.

(2) Id., p. 9.

(3) Id., p 24

En 1287, Bauduin, seigneur de Comines, assista à l'assemblée du chapitre de Saint-Pierre de Lille, pour un accord concernant le fief de la chapelle Saint-Nicaise, qui dépendait du château de Comines. Si nous n'avions point ces faits que l'histoire nous a conservés, nous rapporterions les dons des comtes de Flandre, de Philippe d'Alsace, seizième comte de Flandre qui, confirmant les propriétés de l'abbaye de Messines, mentionne une terre nommée Ploietz, qu'un certain Iwan avait donnée à cette maison au territoire de Comines (1).

Jeanne, comtesse de Flandre, en 1244, donne 6,000 livres pour des réclamations douteuses afin que son âme ne souffre pas de retard après la mort. C'est dans la même intention que Marguerite, comtesse de Flandre, fait des donations à l'abbaye de Loos, aux frères Prêcheurs de Lille, à l'abbaye de Marquette, à l'hôpital Comtesse, à la Collégiale de Saint-Pierre de Lille, à l'hôpital Saint-Sauveur, à celui de Saint-Nicaise et à plus de trois cent cinquante autres maisons de charité (2). Le comte Guy, fils de Marguerite, légua plus de trente mille livres pour réparer ses torts. Il fit en outre des dons à l'abbaye de Loos, à celle de Phalempin, à l'église de Comines (3), aux hôpitaux Comtesse, Saint-Sauveur, Seclin,

(1) Miræus, t. III. p. 54.

(2) *Histoire de Lille*, par M. Victor Derode, t. 1 er, p. 279.

(3) Inventaire des chartes des comptes de Lille.

et plus de deux cent quatre-vingts autres maisons religieuses

Ce simple exposé suffira pour faire comprendre comment les XIIe et XIIIe siècles, et en général toute cette période si décriée et si peu connue du moyen-âge, se montra féconde en œuvres de bienfaisance et de charité. Laissons les utopistes modernes essayer de substituer à cette charité chrétienne leur prétendue philanthropie, et demandons leur, à eux-mêmes, où sont leur dons humanitaires, où est leur dévouement personnel pour soulager les misères? Qu'il y ait eu des abus à cette époque, c'est incontestable. Mais, n'y en a-t-il pas dans notre siècle si vanté? Où en seraient aujourd'hui nos pauvres et infirmes Cominois du XIXe siècle, sans ses hospices et son bureau de bienfaisance dont les biens viennent en grande partie du moyen-âge!...

En terminant ce chapitre, disons un mot des guerres dont la ville de Comines ressentit les contre-coups.

Au retour de la croisade, Robert se voit obligé de défendre ses Etats contre l'empereur Henri IV; plus tard, Thierry d'Alsace est obligé de combattre plusieurs compétiteurs, et surtout Bauduin, comte de Hainaut, auquel il fait éprouver une défaite sanglante, en 1134.

Dans les années 1197 (1), 1198, 1199 et surtout 1214,

---

(1) Les Français, durant le siége de Lille, 1197, s'emparèrent de Comines. Les Flamands qui l'ignoraient, vinrent avec toute la garnison d'Ypres composée de trois mille Allemands pour s'y poster Il y eut à

date de la bataille de Bouvines, la Flandre est ravagée en tous sens. Les divisions des d'Avesnes et des Dampierres achèvent de mettre le pays aux abois (1246).

Ce fut probablement pendant ces guerres qui se renouvelèrent si souvent, que les chanoines de la Collégiale de Saint-Pierre de Comines jugèrent à propos de transporter à Bruges la châsse qui renfermait les reliques de saint Chrysole. Bruges était alors une ville forte et sûre; les comtes de Flandre y faisaient habituellement leur demeure. C'est ainsi que les guerres et les révolutions du pays ravirent à Comines le précieux trésor qu'il avait possédé pendant plus de huit cents ans, et qui attirait dans son sein, une foule de pélerins, par les faveurs singulières qu'obtenait la médiation du saint martyr.

Un fait important que nous ne pouvons passer sous silence se dessine au milieu des événements qui se croisent et s'accumulent aux XIIe et XIIIe siècles (1). C'est l'affranchissement et l'organisation des communes. Placé entre deux puissances rivales, la France et la Flandre, notre pays, qui souffrit tant de leurs querelles et de leurs divisions, reçut de chacune d'elles des bienfaits et les concessions les plus libérales. Toujours obligé de surveiller ou de combattre la suzeraineté française, nos comtes de

---

cette occasion un combat soutenu de part et d'autre avec beaucoup de valeur, et enfin les Allemands furent mis en déroute. (Ancienne Statistique du département du Nord, 1830).

(1) *Histoire de Lille*, par M. V. Derode.

Flandre surtout avaient besoin de ménager, non-seulement les grands propriétaires des villes, mais aussi la classe industrielle dont l'importance augmentait chaque jour. Comines fut une des premières communes organisées; les franchises et les faveurs (1) dont elle fut gratifiée contribuèrent beaucoup au développement d'un commerce considérable.

(1) Ces franchises et priviléges sont consignés dans un registre déposé à l'Hôtel-de-Ville de Comines.

CHAPITRE VII.

XIVe et XVe siècles. Construction du Château-Fort et de la Chapelle castrale. — Grands hommes nés au château de Comines. — Jean de la Clyte. — Collart II de la Clyte. — Philippe de Comines. — Jeanne de Comines. — Georges d'Halluin. — Augier Ghislain de Bousbecques. — Despautères.

Les XIVe et XVe siècles si féconds en luttes, en révoltes et en épisodes sanglants, dans ces contrées, furent cependant pour Comines une époque de gloire et de splendeur. C'est durant cette période que fut bâti son château fort, l'un des plus beaux des Pays-Bas, et où naquirent les personnages célèbres dont nous nous occupons dans ce chapitre.

Bien avant cette époque, Comines avait un château et une chapelle castrale : Dans l'accord de Walter, évêque de Tournai, avec Bauduin, seigneur de Comines, en 1250, il est dit que les prébendes de la Collégiale seront conférées par l'évêque, à l'exception de la chapellenie du château, dont le seigneur s'est réservé la collation (1).

Ce château, avec sa chapelle, fut probablement détruit durant les guerres si fréquentes du XIIIe siècle. Celui dont on voit aujourd'hui les restes, fut bâti en 1385, par Jean I de la Clyte, seigneur de Comines. Voici, en abrégé, la description qu'en donne Buzelin (2). Bâti pour la défense et la splendeur de la ville, ce château ne le cède à aucun autre, si l'on en considère la situation, l'élégance et la force. Dans un site très-agréable, sur les magnifiques bords de la Lys, environné d'un côté par la ville de Comines, de l'autre, par des prairies riantes et des campagnes d'une riche culture, ce château, avec ses quatre grosses tours à l'extérieur, ses quatre petites à l'intérieur, et ses nombreuses salles ornées avec richesse et simplicité, donnait seul à notre ville une grande célébrité. Le milieu du château était occupé par une chapelle où le chapelain du seigneur offrait tous les jours les saints mystères. On l'appelait la chapelle castrale.

(1) Miræus, t. II. p. 1234.

(2) Buzelin, *Gallo flandria*, p. 55.

C'est ici le lieu de faire connaître quelques-uns des personnages qui illustrèrent la ville de Comines.

On a vu plus haut que cette seigneurie passa de la famille de Waesières, dans celle de la Clyte, qui avait la seigneurie de Ruscheure ou Renescure, dans la châtellenie de Cassel, par le mariage de Jeanne de Waesières, avec Collart ou Nicolas de la Clyte, qui mourut vers l'an 1404. De ce mariage naquirent cinq enfants, trois fils et deux filles. Guillaume, mort sans enfants, Jean et Collaert II.

A la mort de son père, Jean, en sa qualité d'aîné, hérita de la seigneurie de Comines et jouit d'une grande réputation par ses qualités personnelles et par les hautes dignités dont il fut revêtu. Il eut la gouvernance générale de toutes les terres que le duc de Bar possédait en Flandre. En 1424, il succéda à Félix, prince de Steenhuyse, dans la charge de souverain bailli. Cet office demandait une grande prudence jointe à beaucoup de fermeté. Les souverains baillis de Flandre, avaient la connaissance de tous les crimes qui se commettaient dans la province, et ils étaient chargés de faire respecter leurs décisions selon l'exigence des cas, par la force des armes, s'il arrivait que des seigneurs coupables fissent opposition au droit. Leur juridiction s'étendait sur le marquisat d'Anvers et la seigneurie de Malines. Cette haute magistrature avait jadis été exercée par les receveurs généraux de la province, mais, en 1374, le comte Louis de Nevers, pour arriver d'une manière plus efficace à la répression des crimes qui affligeaient ses États, l'enleva aux receveurs généraux et créa l'office spécial de souverain bailli Jean de la Clyte se fit une juste réputation par la manière dont il remplit les pénibles devoirs de sa charge.

Cinq ans après, le 10 janvier 1429 (v. s), l'ordre de la Toison-d'Or fut institué à Bruges, par Philippe-le-Bon, qui épousa le même jour Elisabeth, fille de Jean, roi de Portugal. Le but de cette institution se trouve indiqué dans le préambule des statuts. « Sçavoir faisons à tous présens « et advenir que, pour la très-grande et parfaicte amour « que nous avons au noble estat et ordre de chevalerie, « dont de très-ardente et singulière affection désirons « honneur et accroissement, par quoy la vraye foy catho- « lique, l'estat de nostre mère saincte église, et la tran- « quillité et prospérité de la chose publique, soient, « comme estre peuvent, deffendues, gardées et main- « tenues. »

Vingt-quatre chevaliers « gentilshommes de nom et « d'armes, et sans reproches, nés et procrées en léal ma- « riage; desquels la déclaration des noms et surnoms se « ensuivent, etc. » furent nommés en présence de toute la cour, et parmi eux et l'un des premiers se trouvait Jean de Comines, que Philippe-le-Bon avait en estime particulière pour son zèle, et les brillants services qu'il lui rendait. En 1436, la charge de souverain bailli fut donnée à son frère Collart et il fut nommé châtelain de la Motte-au-Bois. La même année, lors du siége de Calais, Jean de la Clyte commandait les hommes fournis par la commune d'Ypres pour aider le duc dans cette grande entreprise

L'année précédente, lors du quatrième chapitre de l'Ordre de la Toison-d'Or, célébré le jour de la Saint-

André, dans l'église de Sainte-Gudule, à Bruxelles ; il fut procédé à l'information des vie et mœurs des chevaliers, et à cette occasion on s'y occupa du sire de Comines. Jean de Rhotelem, exécuté au pays de Liége pour les meurtres que lui et ses complices avaient commis dans la personne de Messire Jacques de Bourbon, seigneur de Perwelz, et de deux de ses domestiques, ayant accusé Messire de Comines, d'y avoir eu part, le souverain lui fit lire les dépositions de ce criminel. Messire de Comines les ayant lues, nia le fait et assura par serment qu'il était innocent : Sur quoi le souverain lui fit donner copie de ces dépositions, avec ordre d'y répondre par écrit. Le 10 décembre, Comines remit aux chevaliers assemblés à la cour sa réponse à l'accusation. Il y assura de nouveau qu'il n'avait eu aucune part aux meurtres dont il était question, et soumit l'affaire à la décision de l'assemblée ou d'autres juges qu'elle trouverait bon de nommer, offrant à cet effet de se constituer prisonnier. Le souverain commanda qu'il serait donné part de cette réponse à Monsieur de Bourbon, cousin du défunt, et l'un des dénonciateurs de Comines, qui parut pleinement justifié.

Jean (1) de la Clyte mourut le 13 mai 1443 et fut en-

(1) Ce même Jean, en l'année 1429, fit don à la ville, du beffroi, moyennant certaines conditions : *Pour en faire une maison échevinale et la halle et de tout ce qui sera le plus profitable à ladite ville, donnant par sesdites lettres pleine quittance de tous les frais que le seigneur son père et lui auraient pu avoir fait à ce sujet.* (Registre des titres de la ville de Comines, p. 4.)

terré dans le caveau de la chapelle de Saint-Chrysole dans l'église de Comines. Sa devise était : *Sans mal*, et l'on peut dire de ce digne et vaillant chevalier, qu'il vécut de telle sorte, qu'à la fin de ses jours il put se rendre le doux témoignage d'avoir passé sa vie non-seulement sans malfaire, mais encore en faisant le bien. De son mariage avec Jeanne de Preure, il eut un fils nommé Jean, qui mourut sans postérité mâle. Jeanne, sa fille, naquit en 1440 au château de Comines; elle peut être regardée comme une des femmes des plus accomplies de la cour de Bourgogne à cette époque. Nommée gouvernante de Philippe-le-Beau, père de Charles-Quint, elle continua de remplir cette charge auprès des enfants de l'archiduc, avec un talent et une sagesse admirables; sa mission remplie, elle renonça aux grandeurs de la cour et se retira en son château de Comines, où elle acheva sa carrière dans les exercices de la religion (1512). Le souvenir de ses bienfaits s'est perpétué jusqu'à nos jours. Ses restes mortels reposent à Comines dans le caveau de ses ancêtres (1). Jeanne avait épousé Jean d'Halbuin, qui eut pour fils Georges, dont nous parlerons plus loin.

Collart II de la Clyte, frère puiné de Jean, en qui commence la branche cadette de Comines, hérita de la seigneurie de Ruscheure, de Watten, de Saint-Venant, etc. Jeune encore, en 1421, il eut l'honneur d'être fait che-

(1) Nous donnerons plus loin quelques détails sur les caveaux de l'église de Comines.

valier, avec Philippe-le-Bon, et la fleur de la noblesse de Flandre, par Jean de Luxembourg, avant la bataille de Visneu, et voulant prouver qu'il était digne de ses éperons et du nom qu'il portait, il se jeta dans le plus fort de la mêlée. Le sort ne lui fut pas favorable, car, malgré sa bravoure, il fut fait prisonnier. Sorti de captivité, le duc le récompensa en le nommant châtelain de Cassel. Il se montra digne de la confiance de son souverain par la fermeté avec laquelle il soutint ses édits dans une circonstance où sa faiblesse lui aurait sans aucun doute attiré la bienveillance des peuples de Flandre. En ces temps de troubles, chacun se croyait en droit de se faire justice à soi-même; de là, des rixes sanglantes qui désolaient les familles et portaient souvent le trouble dans toute une cité. Philippe-le-Bon, qui voulait établir dans ses Etats le règne de l'ordre et de la justice, publia un décret qui, sous les peines les plus sévères, défendait les querelles et les vengeances particulières, et ordonnait de recourir aux lois. Collart s'appliqua, dans toute l'étendue de sa châtellenie, à mettre en vigueur le décret du duc, et persuadé qu'il n'aurait raison de ce funeste usage qu'en se montrant impitoyable envers ceux qui oseraient, les premiers, enfreindre la nouvelle loi, il les fit mettre à mort sans se laisser vaincre par les larmes et les supplications des parents des coupables. Cette fermeté dans l'exercice de ses devoirs lui attira l'inimitié de ses subordonnés, bientôt ils se révoltèrent ouvertement contre lui, et au nombre de 30,000 hommes armés, ils marchèrent contre leur châtelain. Meyer observe que tout ce que les environs de Cassel contenaient d'hommes de trouble et de désordre, vinrent se joindre aux bourgeois révoltés. Philippe-le-Bon reçut la nouvelle de cette révolte étant à Arras, et malgré la rigueur de la saison (en janvier 1430), il se transporta sous les murs de Cassel à la tête d'une nombreuse armée. Les révoltés n'osèrent lui présenter le combat, ils se dispersèrent pour la plupart, les autres se rendirent au duc en lui demandant grâce, beaucoup furent pris et renfermés dans la forteresse de la Motte-au-Bois. Le châtelain fut honorablement traité par le duc et rétabli dans son autorité, mais il s'était attiré pour toujours la haine des Flamands.

Après la paix d'Arras et sa réconciliation avec le roi de France, Philippe-le-Bon eut la pensée de reprendre Calais au roi d'Angleterre, et ce projet sourit aux communes de Flandre, toutes les bonnes villes fournirent un contingent au duc, et Collart fut nommé capitaine de ceux que les Gantois avaient équipés.

Après cette expédition qui ne réussit pas, pour beaucoup de causes, mais surtout par la turbulence de ceux de Bruges et de Gand, Philippe-le-Bon nomma Collart souverain bailly de Flandre, en remplacement de Jean, son frère, qui fut fait châtelain de la Motte-au-Bois. Les Anglais, après la retraite des Bourguignons et des Flamands, sortirent de Calais et commirent d'affreux ravages dans toute la Flandre occidentale, après avoir pris et incendié Bailleul, dit Meyer, ils entrèrent dans la châtellenie de Cassel, voulant aussi tout mettre à feu et à sang. Cinq mille hommes étaient rassemblés en armes dans cette ville et voulaient ravir aux Anglais le butin qu'ils entraînaient à leur suite, « mais, ajoute l'historien flamand, Collart

« de la Clyte, souverain bailly de Flandre, s'opposa à « cette entreprise, craignant, comme je le suppose, qu'ils « n'eussent le dessous, parce que c'étaient des vilains. » Il se tint dans une prudente réserve, et Cassel, du moins, fut sauvé du pillage et de l'incendie.

La même année, les principales villes de Flandre se mirent en révolte ouverte contre Philippe-le-Bon ; la duchesse et son fils, le comte de Charolais, furent insultés à Gand, et le duc lui-même faillit être victime de l'animosité des Brugeois. Ces derniers avaient forcé leurs magistrats à prononcer un édit de bannissement contre Rolland d'Uytkercke, Watergrave de Flandre, Collart de la Clyte, souverain bailly, et un grand nombre de puissants seigneurs qu'ils haïssaient pour leur attachement au duc. Philippe marche sur Bruges, emmenant avec lui de la Clyte et les principaux bannis. Le peuple était consterné. « Il marche, disaient les révoltés en parlant du duc, accompagné du sire d'Uytkercke, du sire de Comines, nos grands ennemis, que fera-t-il de nous? » Le prince fit son entrée à Bruges; mais à peine était-il dans la ville que le peuple se jette sur sa suite, ferme les portes pour empêcher qu'il ne lui arrive du secours et ne veut rien moins que tuer ou faire prisonnier son souverain. Le duc se fait jour entouré d'une poignée de braves, et arrive en battant en retraite jusqu'à la porte qu'un bourgeois fidèle nommé Jacques de Hardoyen lui ouvrit, et il s'empressa de sortir avec les sires d'Uytkercke et de Comines, qui l'avaient défendu au péril de leurs jours. Cette révolte ne fut entièrement apaisée qu'en 1438. Au mois de mai de cette année, le duc de Clèves fit son entrée à Bruges avec

Collart de la Clyte, que le peuple reconnut pour souverain bailly de Flandre, en rapportant le décret de bannissement qui avait été porté contre lui. Leur réception fut solennelle, et les magistrats et les habitants de la ville s'humilièrent devant les envoyés de leur seigneur. Le jeune duc de Clèves et le bailly arrivèrent sur la grande-place ; un échafaud y était dressé, et, pour répandre dans la ville une frayeur salutaire, on fit exécuter plusieurs chefs de révolte qui avaient été nommément exceptés dans l'acte de pacification et qui n'avaient pas pu se soustraire par la fuite à la juste punition de leurs attentats.

L'énergie des envoyés du duc, calma le peuple et fit rentrer les plus mutins dans le devoir. De la Clyte continua d'exercer ses fonctions à la satisfaction de son prince, aussi longtemps que le pays resta paisible. Vers 1441, le duc eut la pensée de faire son testament. Après avoir réglé les cérémonies qu'il veut que l'on fasse à sa mort, et les dons pieux qu'il entend faire aux églises, il prévoit le cas où il mourrait avant que son fils soit majeur, et il établit un conseil de régence, dont Collart de la Clyte devait faire partie avec quelques-uns des personnages les plus distingués et les plus prudents de la cour de Bourgogne.

Cependant, la haine du peuple de Flandre n'était qu'assoupie à l'égard du sire de Comines, elle se réveilla en 1451, lors de la révolte de Gand. Un décret de bannissement fut lancé, comme à Bruges, en 1436, par les magistrats, et en tête des bannis, se trouve Collart. « Leurs biens, dit Meyer, furent confisqués au profit de « la ville, à cause du dommage qu'ils avaient fait (au

« dire des révoltés) au pays dans leur administration. « Or, ceux qui étaient ainsi condamnés, étaient des ci- « toyens illustres, jouissant d'une considération méritée, « mais attachés à la cause du duc. » Quand ce tumulte fut apaisé, ce décret fut annulé par leurs auteurs, sur l'ordre formel de Philippe de Bourgogne.

C'est la dernière trace que nous trouvons de lui dans les annales de Flandre. Il mourut le 8 mai 1453, après avoir fourni une carrière longue et brillante, emportant les regrets de son prince et des bourgeois paisibles. Les fauteurs de révoltes et la populace remuante des grandes villes de Flandre le détestaient, mais leur haine est un éloge. Il fut enterré dans l'église de Ruscheure avec sa seconde femme, Marguerite d'Armuden, dont il eut un fils que l'on nomma Philippe.

Cet enfant, qui devait répandre une si grande illustration sur sa famille et sur notre cité, naquit en 1445, au château de Comines. A la mort de son père, il n'avait que huit ans, et Jean II de la Clyte, son cousin germain, lui servit de tuteur.

Abandonné en quelque sorte à lui-même, Philippe se livra de son propre mouvement à des études assez étendues pour son époque. Suivant le penchant de son esprit, il s'adonna à l'histoire, considérant les événements sous leur côté politique, et se préoccupant surtout des enseignements qui en ressortent. Il recherchait la conversation des étrangers, désirait se former une idée exacte des affaires des diverses cours de l'Europe, et ce fut probablement par leur commerce qu'il se rendit habile dans la connaissance des langues, car ses biographes remarquent qu'il parlait correctement l'Allemand, l'Italien et l'Espagnol. Il ne sut jamais le latin, ce qu'il regrettait beaucoup dans son âge mûr. C'est pour cela qu'il avait fait exécuter plusieurs manuscrits contenant la traduction d'ouvrages importants qu'il ne pouvait pas lire dans le texte original. C'est de cette manière sérieuse et appliquée, qu'il passa les premières années de sa vie. Tout le temps qu'il ne donnait point aux exercices du corps, qui formaient le point capital de l'éducation d'un gentilhomme au XVe siècle, il le consacrait à développer son esprit par la lecture et la méditation. Au reste, il était d'une taille élevée et bien prise, d'un air noble et imposant; dans ses yeux grands et expressifs, brillait la vivacité de son intelligence. « Au saillis de mon enfance » dit-il au commencement de ses mémoires : « Et en l'âage de pouvoir « monter à cheval, je fus amené à l'Isle devant le duc « Charles de Bourgogne, lors appellé comte de Charolois, « lequel me prit à son service : et fut l'an mil quatre « cent soixante-et-quatre. » Philippe avait alors 19 ans. Il plut d'abord à son jeune maître, et une sorte de familiarité s'établit entre le comte et lui, bien que le caractère de l'un fut en tout opposé au caractère de l'autre. Il suivit le comte dans la guerre du bien public, et fit ses premières armes à là bataille de Montlhéry, où il se tint constamment auprès de son maître, c'est-à-dire au plus fort de la mêlée. Il dit naïvement à ce sujet : qu'il se battit bravement « ayant moins de crainte que je n'en « eus jamais en lieu où je me trouvasse depuis pour la « jeunesse, en quoy j'estoye et que je n'avoye nulle con- « naissance de péril. »

Cette conduite ajouta un degré de plus à la faveur dont il jouissait auprès de son maître, et lorsqu'en 1467, par la mort de Philippe-le-Bon, Charles se vit souverain des contrées les plus riches et les plus florissantes de l'Europe; il eut habituellement recours, pour la direction des affaires, aux conseils de Comines, dont il avait apprécié le mérite et la haute prudence.

Il suivit le duc dans ses principales entreprises, et quand Louis XI, retenu prisonnier à Péronne, en 1468, eut à craindre que le Téméraire ne se portât contre sa personne, à des extrémités qui auraient pu avoir les plus funestes conséquences pour la royauté française, Comines lui conseilla la modération, et fournit au roi les renseignements qui le tirèrent du pas difficile où, malgré sa prudence consommée, il s'était légèrement engagé. Louis apprécia facilement à sa juste valeur, le mérite et l'habilité de Comines, et comme rien ne lui coûtait pour s'attacher les services des hommes supérieurs qu'il découvrait chez les ennemis, il le circonvint dès ce jour des félicitations les plus puissantes, fit luire à ses yeux la perspective d'un rôle brillant et des récompenses les plus magnifiques, s'il voulait quitter Charles pour s'attacher à lui. Comines se montra sourd à ces séductions, et ce ne fut que quelques années plus tard, lorsque le duc de Bourgogne manifestant les premiers symptômes de cette frénésie, qui le précipita lui et ses peuples dans le malheur et la ruine, prenant les sages avis pour trahison, ne voulut plus entendre la voix prudente et modérée de son conseiller, que Philippe se vit forcé de fuir son maître, et de chercher dans la retraite, une sécurité qu'il ne trouvait plus à la cour de Bourgogne.

Louis XI, bien informé de ce qui se passait chez ses ennemis, profita de la circonstance qui lui était offerte, il parvint à le déterminer; dans la nuit du 8 au 9 août 1472, Philippe passa au service du roi. Depuis ce temps, dit-il, « jusques à l'heure de son trépas, où j'estoye pré-« sent, ay fait plus continuelle résidence avec lui, que « nul autre de l'estat à quoy je le servoye : qui pour le « moins ai toujours esté des chambellans, ou occupé en « ses grandes affaires (1). »

Cet acte décisif de la vie de Comines, a été très-sévèrement apprécié par quelques historiens. Meyer, entre autres, dans le XVIIe livre de ses *Annales*, l'accuse de trahison, d'avoir quitté son seigneur dans l'infortune. L'on peut répondre, que Charles se l'était aliéné par sa dureté, et qu'il lui avait rendu la vie impossible; on peut dire aussi qu'au moyen-âge, un seigneur se considérait comme indépendant et libre d'offrir ses services à qui bon lui semblait. Au reste, il quittait un vassal souvent rebelle, pour s'attacher au souverain ; car il ne faut pas l'oublier, Louis XI était le roi, il était le roi pour le duc de Bourgogne aussi bien que pour Comines.

A peine arrivé en France, Louis le dédommagea de la confiscation de son patrimoine, avec une magnificence royale. Au mois de décembre, au rendez-vous de chasse de Dine-Chien, près le Puy-Belliard, il lui confirma le

---

(1) Prologue des *Mémoires*

don qu'il lui avait fait au mois d'octobre, de la principauté de Talmond et des terres de Curson-d'Olonne, la Chaume, Château-Ganthier et Berge, et y ajouta les seigneuries de Brem et Brandois, avec l'autorisation de faire des Sables un grand port de commerce. L'année suivante, il le maria avec une riche héritière, Hélène de Chambes, fille du sire de Montsoreau, et le gratifia d'une somme considérable pour acheter, de son beau-père, le château d'Argenton, qu'il se plut à embellir et qu'il choisit pour son séjour habituel, chaque fois qu'il put se dérober aux préoccupations de la politique. D'autres faveurs vinrent, d'années en années, jusqu'au décès du Roi, témoigner de l'amitié dont il était honoré. Il suffira de mentionner, qu'en 1476, il fut nommé sénéchal de Poitou et commandant du château de Chinon

En 1476, Louis chargea Comines de négocier la trève de Soleure, entre la France et la Bourgogne. Dans ce traité, Charles pardonne à tous les seigneurs qui l'avaient quitté pour s'attacher au Roi, mais il fait une exception expresse de Comines. Ce ressentiment était peut-être un témoignage des regrets du duc. A la mort de ce prince, Comines fut employé utilement par le Roi, à rattacher à la couronne les provinces qu'il avait longtemps habitées, et avec lesquelles il avait conservé des relations constantes, puis envoyé en Poitou pour surveiller les mouvements du duc de Bretagne. Il fit partie des commissaires qui traitèrent avec les états de Bourgogne, et resta assez longtemps à Dijon. Pendant le séjour qu'il fit en cette ville, quelques-uns de ses actes, fâcheusement interprêtés, par Louis XI, lui attirèrent un peu de refroidissement de sa part, et il fut éloigné de la cour par l'ambassade de Florence. Mais l'habilité et le dévouement dont il fit preuve dans cette délicate mission et les éloges dont il fut comblé par les Médicis que le roi soutenait contre les Pazzi, pour les services qu'ils lui avait rendus, lui attirèrent de la part du roi un accueil des plus distingués quand il revint en France Sa faveur grandit de nouveau, et pour témoigner à son serviteur toute sa satisfaction, Louis XI lui fit visite à Argenton où, étant tombé malade, il séjourna près d'un mois. Philippe fut ensuite envoyé en Savoie pour s'emparer du jeune duc Philibert et le placer sous la tutelle et l'influence du roi son oncle. Tant de faveurs eurent enfin leur terme, Louis XI meurt le 30 août 1483, et avec lui s'évanouit la haute fortune de Comines.

Néanmois, on le voit faire partie du conseil de la régence sous la minorité de Charles VIII. Mais il fit opposition à la politique de Madame de Beaujeu et se rangea du parti du duc d'Orléans et des princes mécontents. Cette conduite le fit prendre en haine à la régente et il fut chassé de la cour par le duc de Lorraine « avec rudes paroles » pour me servir des termes dont il se sert lui-même dans ses mémoires. Malgré cette disgrâce il continua ses intrigues, à Moulins, chez le duc de Bourbon, auprès duquel il s'était retiré, mais en 1487, on lui retira toutes ses dignités, il fut arrêté et renfermé l'espace de huit mois dans une de ces cages célèbres que l'on nommait les *fillettes de Louis XI*. Mais bientôt on usa de moins de rigueur, on le conduisit à Paris et son affaire fut jugée par le Parlement. Il se défendit lui-même et parla pendant plus de deux heures avec toute l'habilité dont il était capable et avec une éloquence qui jeta ses juges dans le plus profond étonnement. Son langage simple et noble tout à la fois, sa diction correcte et spirituelle entièrement opposée à l'emphase et à l'érudition indigeste des avocats du temps; la chaleur de ses mouvements et l'adresse avec laquelle il les ménageait, fléchirent la rigueur des juges prévenus contre lui par l'influence de la cour, et diminuèrent la peine qu'on était résolu de lui infliger. Il ne fut condamné qu'à la confiscation du quart de ses biens, et à un exil de dix ans dans l'une de ses terres.

Mais cet exil ne fut pas long; on s'apperçut bientôt à la cour de quel homme on s'était privé. Il était haï, mais le besoin de son habilité incontestable fit passer la régente au-dessus de son inimitié et de ses répugnances et il fut employé en 1493 dans les négociations du traité de Senlis, conclu entre le roi et l'archiduc d'Autriche, duc de Bourgogne. Au reste, plus de faveurs pour lui, plus de distinctions, s'il réussit dans les missions qu'on lui confie, on ne lui en sait aucun gré ou du moins on ne lui en témoigne pas. Pendant la campagne d'Italie, que les historiens de son temps et que lui-même appelle le voyage de Naples, il fut envoyé en ambassade à Venise pour maintenir la république dans la neutralité. N'y pouvant réussir il vint trouver le roi à Florence, l'avertir que les Vénitiens levaient des troupes et le presser de retourner en France avant que l'on ait le temps de lui fermer le passage. Son conseil est rejeté; à Florence, cependant, on se souvient de lui et on le charge de négocier, la veille d'une bataille. Pendant les pourparlers, les soldats en viennent aux mains, et il délibère au milieu du feu croisé de l'artillerie (1). Heureusement que par une victoire inespérée, la Providence rendit inutile au roi l'habilité et l'expérience de Comines qui rentra dans l'obscurité jusqu'à l'avènement de Louis XII.

Au reste, si Comines n'était pas aimé de Charles VIII et de ses conseillers, il ne les aimait et ne les estimait guères, il y avait loin de leur façon de gouverner à celle de Louis XI, ce n'était plus la raison et la prudence qui guidaient la conduite de l'Etat, mais la témérité et l'irréflexion, et c'était prodige aux yeux du roi si les choses n'allaient pas encore plus mal. Quand Louis XII monta sur le trône, Philippe eut l'espoir de reparaître avec éclat sur la scène du monde. On sait que des courtisans voulant animer ce roi contre ceux qui l'avaient maltraité, reçurent de lui cette belle réponse : Apprenez que le roi de France ne se venge pas des querelles du duc d'Orléans. Mais il paraît que non-seulement il oubliait les injures qui lui avaient été faites, mais aussi le dévouement de ceux qui s'étaient perdus pour lui. On peut le conclure des paroles suivantes de Comines : « Quand j'eus couché une nuict à Amboise,
« j'allay vers ce roy nouveau, de qui j'avois esté aussi
« privé que nulle autre personne et pour luy avait esté

(1) Les conférences étant rompues, il montra la bravoure de ses jeunes années, se tint constamment près du roi au fort du danger et lui prêta même son manteau.

« en mes troubles et pertes ; toutefois pour l'heure ne luy « en souvint point fort... » Il se résigna donc, rentra dans la retraite, et vécut paisiblement à Argenton jusqu'au 16 août 1509, où il mourut à l'âge de 64 ans.

Il fut enterré à Paris dans l'église des Grands-Augustins où il s'était fait bâtir une chapelle qui porta son nom jusqu'en 1792. Son mausolé ne fut pas détruit pendant la tourmente révolutionnaire, il a été transporté à Versailles, sous Louis-Philippe. On y voit Comines à genoux et les mains jointes, auprès de lui, Jeanne, sa fille, qui épousa, le 13 août 1504, René de Bretagne, comte de Penthièvre, et par qui, d'alliance en alliance, le sang de Comines se trouve mêlé aux plus illustres maisons souveraines. Louis XV, Ferdinand VI et Charles III d'Espagne, descendent de notre historien par les femmes.

C'est dans sa retraite d'Argenton qu'il écrivit, à la prière d'Angelo Cattho, archevêque de Vienne, ses mémoires à jamais célèbres.

En général, la vie des grands écrivains et des profonds penseurs est plus féconde en émotions intimes qu'en événements. Ces esprits d'élite aiment la retraite et le silence du cabinet ; loin du bruit, ils jugent les affaires qui ont agité le monde, leurs principes et les conséquences qui en sont découlées, et ne concourent pour ainsi dire jamais à leur exécution. C'est que pour la plupart, ils apparaissent sur la scène du monde quand tout est calme autour d'eux et quand les hommes d'action et de lutte qui ont fait la situation heureuse et calme dont ils jouissent, ont disparu depuis longtemps. En ce point, Comines ne leur ressemble guère. Né dans ce temps de trouble et d'agitation où Louis XI, par sa politique tortueuse et inflexible dans ses dessins, mettait la royauté *hors de brassières* (1), et jetait les fondements de cette puissance majestueuse et pleine d'éclat qui atteint son apogée sous Louis XIV, il prend une part active à toutes les intrigues, à toutes les négociations de ce roi, il l'aide dans le conseil et dans l'exécution de ses entreprises; il joue le rôle d'un instrument passif en apparence, mais quand avec son esprit incisif, vaste et profond, il se replie sur lui-même, dans l'âge du calme et de la réflexion, on admire en lui un autre homme, ce n'est plus l'homme de son temps, le seigneur remuant et agissant et du XVe siècle, c'est Polybe, c'est Tacite, c'est Montesquieu, car on l'a comparé à ses grands hommes, et nous croyons que ce n'est par à tort; le maniement des affaires a mûri et fécondé cette âme si riche, et il se manifeste en lui à une époque où l'on s'y attend le moins et au moment où l'historien ne différait pas beaucoup des romanciers de la chevalerie, un de ces écrivains philosophes, un de ces profonds penseurs dont les travaux font l'admiration et de la méditation de tous les âges.

Mais, qu'on ne s'y trompe pas, Philippe de Comines est un philosophe chrétien. Sans s'en douter, et par la simplicité de sa foi, il fait partie de cette grande école his-

(1) Le Roy de Gomberville.

torique inaugurée par Saint-Augustin, et dans laquelle Bossuet a prononcé ses oracles; pour lui, rien ne marche au hasard, il étudie avec soin les causes des événements, développe leurs péripéties avec une finesse et une intelligence profondes, mais il fait planer au-dessus des hommes et de leurs pensées d'un jour, le bras qui les mène, il découvre partout cette providence divine qui dirige tout avec suavité, mais avec une force irrésistible. C'est là son caractère propre; aussi, quelques appréciateurs aux vues bornées et étroites l'ont accusé d'être fataliste, comme s'il n'était pas doué d'un bon sens naturel trop exquis pour donner dans une aussi grossière erreur. Tout le monde a rendu hommage à son impartialité; Meyer seul fait exception, et encore ne rend-il pas raison de son jugement. Cette impartialité brille dans toutes les pages de son livre, et bien que Louis XI soit son héros de prédilection, il ne manque pas de lui reprocher ses violences, et le peu de cas qu'il faisait des vieilles libertés françaises, et plus tard, quand il parle de ceux qui l'ont disgracié, il est fidèle à la vérité, et ne laisse percer aucun ressentiment. Son style est le miroir fidèle de sa pensée souple, flexible et en même temps pleine de force et de profondeur. On nous pardonnera de nous être étendu longuement sur Philippe de Comines, car il n'est pas seulement la grande gloire de notre cité, il est encore, au jugement de M. Villemain, le personnage le plus original de la littérature française au XVe siècle.

En 1470, naissait encore au château de Comines, un homme qui se rendit remarquable par ses vertus et sa vaste érudition, c'est Georges d'Halluin. Il servit d'abord avec distinction Philippe-le-Bon et Charles-le-Hardi (1). On raconte de lui qu'il amena à l'expédition de Gavre, quarante-quatre hommes d'armes, tous ses parents et du nom de Halluin; mais entraîné par son goût vers la culture des lettres plutôt que vers la profession des armes, à laquelle sa naissance semblait l'appeler, il entra bien vîte en relation avec les hommes les plus instruits de l'époque, spécialement avec Érasme. Ce savant distingué, dans une lettre à Thomas Morus, sous la date de 1520, fait l'éloge de Georges : « Tous les grands seigneurs, dit-il, s'attachent « à faire instruire leurs enfants dans les belles lettres; « mais aucun de ces courtisans n'est vraiment lettré, si « ce n'est le seul Georges d'Halluin, qui, jusqu'à présent, « n'a recueilli de ses bonnes études, d'autres fruits que « la jalousie des autres. Du reste, j'espère que bientôt les « dignités récompenseront son mérite (2). » Georges d'Halluin forma au château de Comines une bibliothèque que l'on regardait comme l'une des plus riches des Pays-Bas. Voici ce qu'en dit Guicciardini, traduit par Belleforest : « Comines a un bon château, et en iceluy une très-belle « et rare bibliothèque assemblée et dressée par Georges, « seigneur de Comines et d'Halluin, gentilhomme très « savant, lequel, outre ses vertus siennes, entretenait, « d'ordinaire en sa maison et ailleurs, et caressait con- « tinuellement bon nombre de gens doctes et vertueux

---

(1) Préface du catalogue descriptif des manuscrits de la bibliothèque de Lille, par M. Le Glay. P. XX.

(1) Epist. Erasme DLVI.

« personnages. » Buzelin, enchérissant encore, dit que Georges d'Halluin, enflammé d'un merveilleux amour de la science, et brûlant du désir d'en assurer les progrès, avait établi en sa demeure de Comines, sur des rayons élégants, une incomparable multitude de livres de toute espèce (1). Ces richesses bibliographiques, amassées ainsi à Comines, ne sont pas restées dans le pays. Charles, duc d'Arschot, arrière-petit-fils de Georges d'Halluin, les a transportées au château de Beaumont, en Hainaut, où elles ne sont plus aujourd'hui. Sincèrement attaché à la foi, Georges d'Halluin composa un ouvrage pour réfuter les erreurs de Luther, et prévenir les populations contre ces doctrines nouvelles qui allaient causer tant de troubles et tant de malheurs.

Georges fit encore d'autres ouvrages, sur le couronnement des empereurs, un opuscule sur la musique, ainsi que des annotations sur Virgile, conservées au témoignage de Foppens, dans la bibliothèque de l'église cathédrale de Tournai (2). Il mourut en 1536, et fut enterré à Halluin.

En 1515, Georges avait accordé, à la demande des francs bateliers de Gand, de creuser un deuxième bassin et de construire une deuxième écluse à Comines, à condition que ceux-ci paieraient au seigneur le droit de passage stipulé par lui et confirmé par des lettres-patentes de Charles-

---

(1) Buzelin *Gallo Flandria*, p. 64.

(2) Biblioth. manuscripta. I, 214.

Quint (1). Georges d'Halluin avait laissé d'Antoinette de Sainte-Aldegonde-Noircarmes, un fils nommé Jean d'Halluin, tué en 1544, âgé de 33 ans, d'un coup d'arquebuse reçu au passage de la Marne, devant Vitry, à la tête d'une compagnie de 160 hommes d'armes dont il était capitaine.

Une autre célébrité de Comines à qui l'on doit l'importation du lilas et de la tulipe, c'est Augier Ghislain de Bousbecques. Fils naturel du seigneur de ce nom, il naquit à Comines en 1522. Il annonça de si heureuses dispositions que son père prit un soin tout particulier de son éducation, et le fit légitimer par un rescrit de Charles-Quint. Il fréquenta les plus célèbres universités de Flandre, de France et d'Italie, où il se forma sous les plus habiles maîtres. A son retour dans les Pays-Bas, il passa en Angleterre où il accompagnait Pierre de Lassa, ambassadeur de Ferdinand, roi des Romains. Ce prince l'ayant depuis appelé à Vienne, lui confia auprès de Soliman II, empereur de Turcs, une mission qui lui fut continuée par l'empereur Charles-Quint. Il résida sept ans à la Porte, et ne revint qu'après avoir obtenu un traité avantageux. Son intention, au retour de cette ambassade, était de s'éloigner de la cour et des affaires, pour consacrer ses moments aux lettres ; mais son mérite était trop connu pour qu'on n'en tirât point parti. On le choisit pour gouverneur des enfants de Maximilien II, et il fut chargé de conduire en France la princesse Elisabeth, destinée à Charles IX.

---

(1) Voir à la fin les pièces justificatives.

Attaqué et blessé dangereusement par des soldats français, à Cailly, près de Rouen, au moment où il retournait en Flandre, il demanda en grâce, avant de mourir, qu'on ne poursuivit point ceux qui lui arrachaient la vie. Son corps fut déposé dans la chapelle de Saint-Germain, près Rouen, et son cœur renfermé dans une boîte d'aromates entourée de plomb, fut placée dans les caveaux de l'église de Saint-Martin, à Bousbecques (1).

La mémoire d'Augier Ghislain a été longtemps chère aux savants dont il était le protecteur, et aux hommes de bien dont il était l'exemple. Ses ouvrages nombreux et pleins d'érudition sont d'une lecture très-agréable : Tout y porte l'empreinte de l'honnêteté et de la vertu. Ses talents pour la diplomatie ne sont pas plus contestés aujourd'hui qu'ils ne le furent de son temps. On cite les relations de ses ambassades en Turquie comme un livre digne d'un ministre public, et on peut ajouter que quiconque est obligé de traiter avec la Porte-Ottomane ne saurait trop les méditer.

Nos relations avec la Turquie, depuis quelques années, ont placé Bousbecques dans tout son lustre, et plusieurs villes de France, entr'autres la ville de Lille, viennent de mettre au concours une étude biographie et littéraire sur ce savant et habile négociateur.

La reconnaissance fait un devoir à la ville de Comines de ne point oublier Jean Despautères qui y enseigna les belles lettres avec distinction. Ce fut peut-être Georges

---

(1) Foppens, t. 1. p. 111.

d'Halluin, dit M. Le Glay, qui l'appela à Comines, toujours est-il que ce savant seigneur l'honora de son amitié. Le grammairien reconnaissant dédia à son mécène le traité intitulé : *Ars versificatoria*. C'est dans cette épître dédicatoire qu'il loue le goût exquis, la critique délicate de Georges, à qui, dit-il, rien d'imparfait ne pouvait plaire.

Despautères est auteur d'une grammaire latine qui a été longtemps suiviedans les colléges.

On voit encore aujourd'hui dans l'église de Comines la pierre funéraire qui remplaça le magnifique sarcophage détruit dans l'incendie de 1584.

Epitaphium doctissimi viri Joannis Despauterii
Quondam hujus oppidi Ludi-Magistri.
Hic Iacet unoculus visu præstantior Argo.
Flandrica quem Ninove protulit at caruit.
Obiit, 1520, requiescat in pace

Epitaphe du très-savant Jean Despautères,
Autrefois Maître d'école de cette ville.
Git ici celui qui n'ayant qu'un œil, l'emportait sur Argus.
Ninove en Flandre, lui donna le jour, mais ne le posséda point.
Il mourut en 1520. Qu'il repose en paix.

Aux noms célèbres cités plus haut, ajoutons encore ceux de François Lainé, chanoine d'Ypres, et de Pierre Mégant, qui s'illustrèrent dans les écoles par leur esprit et leur érudition. Tous deux étaient nés à Comines (1). Nicaise Fabius, chanoine de Comines, géographe distingué, dont les cartes servirent à Sanderus.

(1) Buzelin. *Gallo Flandria*, p. 56.

CHAPITRE VIII.

Bataille de Comines. — Pillage de la ville. — Manufacture de draps.

Après avoir payé un juste tribut aux illustres personnages dont se glorifie Comines, reprenons la suite des événements dans lesquels figure le nom de cette ville :

Les batailles de Groeninghe et de Mons-en-Pévèle, en 1302 et 1304 ; celle de Cassel, en 1328, disent assez que Comines et ses environs furent souvent exposés aux incursions et aux dilapidations des vainqueurs et des vaincus, pendant cette première partie du XIVe siècle. Mais ce fut surtout en 1382 que la ville eut le plus à souffrir. Cette année, Comines fut saccagée et brûlée par des troupes françaises envoyées au secours de Louis de Mâle, comte de Flandre, contre lesquels s'étaient révoltées les principales villes du pays. Les habitants d'Ypres, ayant appris, quelques temps auparavant, qu'un corps de cavalerie, envoyé contre eux par le comte, devait traverser le pont de Comines, rompirent ce pont et le recouvrirent de fumier. Trois cents cavaliers donnèrent dans le piége et y perdirent la vie ; mais survinrent bientôt les Français qui défirent dans un combat opiniâtre 9,000 Flamands, dont 3,000 restèrent sur la place. Voici en quels termes Froissart rend compte de cette bataille (1) : « La boue « jus de la chaussée aval Comines était si grande, que « toutes gens y entraient jusques en-my la jambe. Ces « gens d'armes de France, qui étaient usagés ès faits « d'armes, vous commencèrent à abattre ces Flamands, « à renverser sans départ et à occire, là criait-on : Saint-« Py ! Laval ! Sancerre ! Enghien ! Antoing ! Vertaing ! « Sconnevort ! Saumes ! Hallewyn ! et tous cris dont il y « avait là gens d'armes. Flamands, se commencèrent à « ébahir et à déconfire, quand ils virent que ces gens « d'armes les assaillaient et requéraient si vaillamment, « et les poussaient de leurs glaives à ces longs fers de « Bordeaux qui les perçaient tout outre, si commencèrent « à reculer et à cheoir l'un sur l'autre, et gens d'armes

(1) Froissart. *Chroniques*, p. 313.

« passaient outre, ou parmi eux, ou par autour, et se « boutaient toujours en ès plus drus, et ne les épargnaient « point à occire et à abattre, non plus que chiens et à « bonne cause; car si les Flamands fussent venus au-« dessus, ils eussent fait pareillement.

« Quand ces Flamands se virent ainsi reculés et assaillis « vaillamment, et que ces gens d'armes avaient conquis « la chaussée et le pont; si orent avis qu'ils bouteraient « le feu dedans leur ville, pour deux raisons: l'une si « était pour faire reculer les Français, et l'autre pour « recueillir leurs gens. Si firent ainsi qu'ils ordonnèrent; « et boutèrent tantôt le feu en plusieurs maisons qui « furent en l'heure emprises; mais de tout ce de quoi « ils cuidaient ébahir leurs ennemis ne leur valut rien, « car les Français aussi arréement et vaillamment comme « en devant, les poursuivaient, combattaient et occiaient « à grands tas en la boue et ès-maisons où ils se traiaient. « Adonc se mirent ces Flamands aux champs, et se « avisèrent de eux recueillir, si comme ils firent, et « mettre ensemble, et envoyèrent des leurs pour émou-« voir le pays, à Pauperinghe, à Berghes, à Roulers, « à Mézières, à Warneton, à Menin, et toutes les villes « d'environ, pour rassembler leurs gens et venir au pas « de Comines. ».....

Froissart continue à raconter comment le Roi Charles VI apprit la victoire de Comines:

« Nouvelles vinrent, ce mardi au matin, au roi de « France, qui était en l'abbaye à Marquette, emprès « Lille, et à ses oncles, que le pas de Comines était « conquis, et l'avant-garde outre. De ces nouvelles, furent

« le roi et ses oncles moult réjouis. Adonc fut ordonné « et dit que le roi passerait. Si ouit la Messe et ses sei- « gneurs aussi, et burent un coup, et puis montèrent à « cheval, et la chemin droit à Comines allèrent. »

Comines éprouva alors le sort de toutes les villes qui, dans ces temps, tombaient au pouvoir de l'ennemi. « Les « pillards Bretons, Normands et Bourguignons, qui pre- « mièrement entrèrent en Flandre, le pas de Comines « conquis, ne faisaient compte de draps entiers, de « pennes, ni de tels joyaux, fors de l'or et de l'argent « que ils trouvaient; mais ceux qui vinrent depuis ran- « çonnèrent tout au net le pays, ni rien n'y laissèrent, « car tout leur venait bien à point (1). »

Les vainqueurs firent à Comines un riche butin. Des marchés publics furent établis à Lille, à Douai, à Tournai, à Messine, pour vendre tout ce qui avait été capturé. On donnait une pièce de drap pour un florin (2).

On sait assez les événements qui suivirent les batailles de Comines et de Rosebecque, pour que nous soyions dispensés d'en parler ici.

Le pillage de Comines montre suffisamment quelle devait être déjà l'importance commerciale de cette ville au XIVe siècle. Depuis l'établissement des communes,

(1) Froissart. *Chroniques*, p. 316.

(2) *Histoire des Ducs de Bourgogne*, par M. de Barante, p. 156 et suivantes.

notre cité, qui jouissait de grandes franchises accordées par les comtes de Flandre, et confirmées la plupart par les rois de France, était depuis longtemps renommée pour ses belles manufactures de draps. Il en est parlé longuement dans les archives de la commune. Le titre le plus ancien que l'on possède, relate qu'un seigneur de Comines, le sire de Waesières, accorda avec l'assentiment des échevins, par lettres patentes du 9 septembre 1359, au corps de drapiers de Comines, différents priviléges; entr'autres, une cloche et un scel. Il régla dans la suite tout ce qui rattachait à la police de cette corporation. Ces lettres furent confirmées par le roi de France, Jean, en octobre 1361 et septembre 1364.

Jusqu'à cette époque (1), les draps de Comines étaient d'une sorte particulière; mais les drapiers d'Ypres étant venus s'y établir en 1385, y introduisirent leur mode de fabrication, qui consistait à produire des draps plus larges et plus longs. Ce fut là la source de rivalités et de querelles, qui souvent dégénérèrent en guerres acharnées entre Comines et Ypres, Ostende et Bruges. Les Yprois, après d'incessantes réclamations, furent écoutés par l'empereur Charles-Quint.

Ce prince défendit aux fabricants de Comines, par ses lettres du mois de Mai 1567, de faire des draps de cette

---

(1) C'était dans le lieu appelé Rickebèle, qu'on mettait sécher les draps et qu'on les exposait en vente.

qualité, et ordonna que tous ceux qui étaient fabriqués seraient enlevés et payés selon leur valeur (1).

« Les archives de Comines montrent que cette ville possédait à cette époque un nombre considérable de métiers, et qu'on y faisait une excellente draperie. *En 1545, les principaux marchands drapiers de Lille, attestent que de tout leur souvenir, l'on a fait dans la ville de Comines bonne draperie de haut prix, de la longueur de 20 aulnes et de 2 aulnes de large, de bonne qualité en étoffe de teinture de gris mêlé, cafarot, brun gris et autres couleurs; lesquelles draperies étaient fort recherchées des marchands de Flandre, Haynaut, Artois, Namur et autres quartiers des Pays-Bas, et même avaient la préférence en ladite ville de Lille sur toutes les autres, même celles d'Abbeville, de Rouen et autres pays étrangers : que lesdits draps de Comines étaient fort étoffés et puissants comme y aïant* terre et eau convenable, *de sorte que la draperie en est beaucoup plus nette et meilleure que les mêmes ouvriers ne sauraient faire à Ypres. Au lieu que ceux de la ville d'Ypres, ont terre et eau convenable pour une sorte de drap blanc que l'on ne saurait faire audit Comines; attestant qu'il serait contre le bien public d'empêcher ladite draperie ainsi qu'ils avaient entendu dire, que ceux de la ville d'Ypres l'avaient voulu faire depuis un an* (2).

Le sac de Comines sous Louis-de-Mâle; les guerres

---

(1) Aux titres et privilèges des manufactures, p. 17. — Ordonnances des rois de France. Tome 5, p. 9.

(2) Aux titres des manufactures, p. 21.

entre la Flandre, la France et l'Angleterre ; les divisions intestines qui durèrent pendant de longues années; les rivalités jalouses des principales villes du pays, amenèrent peu à peu la décadence du commerce de Comines, et il s'éteignit complètement dans le courant du siècle dernier.

Un bâtiment où l'on foulait les draps et qui se trouve derrière l'église de Comines-Belgique, est le seul monument qui reste aujourd'hui de cette fabrication si importante au moyen-âge.

En finissant ce chapitre, il n'est pas hors de propos de rappeler quelques-uns des sages réglements adoptés à cette époque dans les corporations manufacturières, et qui montrent comment la religion était parvenue à développer et à encourager toutes les branches de commerce. Citons ici les paroles d'un savant historien qui a exposé cette vérité historique avec autant d'élégance que de savoir et d'érudition.

Ce qui contribuait à la prospérité de nos villes manufacturières, dit Kervyn, ce sont les institutions si sages et si complètes qui réglaient les travaux manufacturiers, et qui donnaient à nos corps de métiers une organisation si forte et si admirable : « D'une part, on voit la loyauté « commerciale de l'ouvrier garantie par le corps de « métiers et par la ville, également intéressés à veiller « à ce qu'aucune atteinte ne soit portée à l'honneur et « à la renommée de la fabrication; d'autre part, les « réglements des métiers protègent l'ouvrier, en réglant « le salaire d'après le travail, et le travail d'après les « forces. L'ouvrier n'est admis dans le corps de métiers, « qu'après avoir juré de contribuer de tout son pouvoir

« à maintenir la corporation dans la grâce de Dieu, et « de servir le comte de tout son cœur, de tout son sang, « de tout son bien ; si on l'avertit qu'il s'est rendu cou-« pable de quelques délits ou seulement de mauvaises « mœurs, après l'avertissement charitable, il sera exclu « immédiatement de la corporation s'il ne se corrige « pas. On lui promet aussi s'il est franc et loyal, d'en-« tourer de soins sa vieillesse et ses infirmités. »

A Comines, sept échevins avaient le gouvernement de la police, et veillaient à ce que les statuts fussent observés dans les manufactures (1).

---

(1) Aux titres de la ville de Comines, p. 127.

Il ne sera pas sans intérêt pour nos Cominois, de suivre jusqu'à nos jours les différents genres de commerce de leur cité.

L'origine de la fêtes des Louches, nous a appris que depuis longtemps une foire franche avait été établie à Comines, le 9 octobre.

Probablement à cause des guerres et des révolutions continuelles, avait-elle cessé d'avoir lieu, car voici ce que nous lisons dans le registre où sont consignées les diverses franchises de Comines : « Lettres de « Philippe, duc de Bourgogne, comte de Flandre, par lesquelles, à la « requête de Messire Jean, seigneur de Comines, chevalier, son con-« seiller chambellan, ensemble des échevins, bourgeois et manants de « ladite ville, qui était anciennement fondée sur le fait de la draperie, « et que depuis plusieurs années, par l'absence des Allemands, qui « achetaient la plus grande partie de leur drap ; et ladite ville ayant été « brûlée par le feu de meschef depuis quelque temps, dont les supliants « n'étaient encore remis, et encore tout nouvellement, la plus grande « et saine partie et la halle d'icelle, avaient été brûlées par le feu de « meschef ; pourquoi les supliants et le peuple étaient si accablés, qu'ils « ne pouvaient plus se soutenir, et qu'ils seraient contraints d'aban-

« donner ledit lieu, s'ils n'étaient promptement secourus et aidés; sur « quoi ayant été considéré que ladite ville est située en bon et fertile « païs,. ou plusieurs marchands pouvaient aisément venir et emmener « leurs marchandises, accorde une franche foire perpétuelle chaque « an en ladite ville, durant trois jours, à Comines, le jour de la Saint- « Remi, et deux jours en suivant, pour icelle foire montrer, vendre ou « acheter toute sorte de marchandises; sûrement aller et venir quinze « jours avant ladite foire, y demeurer et séjourner et quinze jours après, « et que tous marchands fréquentant ladite foire ensemble, leurs fac- « teurs, valets et serviteurs, biens, denrées et marchandises pourront « amener et retraire ou bon leur semblera sans être pour ce arrêter « ni autrement pour cause et dettes quelconques; si elles n'étaient faites « en ladite foire, les dettes du roy, celles du duc de Bourgogne, celles « des foires de Champagne, de Brie et de Châlons seulement exceptées, « comme aussi exceptés, les bannis, ennemis et fugitifs du roy et de « lui.

Charles-Quint confirma ce privilége en 1535, à la demande de Georges d'Halluin, seigneur de Comines.

« En 1568, Philippe de Croy, d'Arschot, prince de Chimay, seigneur « de Comines, à la requête des drapiers de ladite ville, qui prouvaient que « de toute ancienneté, les meilleurs draps qui s'y faisaient, se scellent « d'une rose sur étain jusqu'à dix-huit cents fillez, auquel convenait « avoir tel nombre de fil pour la largeur, semblablement se drappaient de « moins larges qui se scellaient aussi de la rose, mais seulement sur « plomb, et attendu qu'il était permis de faire tout drap meilleur que « sur l'ancien pied et que ceux scellés sur étain ; accorde que les « drapiers de ladite ville de Comines pourront dorsrénavant faire « drap jusqu'au nombre de dix-neuf cents fillez au lieu de dix-huit cents « lesquels seront scellés d'une rose dorée sur étain, pour les distinguer « d'autres draps moindres.

« En 1676, on constate plusieurs certificats authentiques, justifiant « l'ancienne et immémoriale possession de fabriques, à Comines, des « étoffes nommées *légatures*, quelques-unes de lin et de saïettes, et « plusieurs de soye, lin et saïette, et autres étoffes nommées *damas*, « fait de lin avec saïette, et desquelles fabriques il y a eu jusqu'à « trois cents outils travaillans.

En 1719, Louis Dupont, manufacturier, demeurant à Menin, fut reçu à Comines pour établir des manufactures de velours, damas, et autres belles étoffes (registre des magistrats, p. 7); en ladite année, le sieur Philippe-Jacques Hovyn, établit à Comines la manufacture de ruban, fil de toute sorte de couleur. Il eut bientôt trente et cinq outils travaillants. Il fit aussi des toiles rayées, et fabriqua des basins comme ceux de Bruges, pour lesquels il employa douze outils. Plus tard, en 1753, Martin Hovyn introduisit à Comines la manufacture de serviettes damassées.

En 1724, le seigneur de Lagrandville accorde à la ville de Comines un marché public de grains, le lundi et le jeudi. Il constate que pareils marchés avaient lieu autrefois.

On sait qu'avant 1789, le commerce n'était pas libre. Il fallait être bourgeois et obtenir des souverains ou seigneurs particuliers, des autorisations qu'on refusait quelquefois. En 1743 et 1749, le bourgmestre Bécuwe chercha en vain à obtenir du gouvernement français, la permission de fonder un établissement de saïetterie, en faveur d'un sieur Lecomte, et un établissement de filterie, en faveur d'un sieur Van Rullen, de Menin.

La chapellerie fut une industrie assez importante dans le courant du siècle passé. Lorsque le schako fut adopté pour la troupe, ce commerce cessa entièrement.

A l'exception des tissages de toiles de M. Martin Hovyn, le commerce ne fit que végéter sur la fin du siècle dernier; le commerce de ruban de 1790 à 1815, s'était étendu avec peine; il se perdait depuis cette dernière époque. Les filtiers ne faisaient encore qu'acheter des fils bruts qu'ils envoyaient à Lille. A partir de 1830, le commerce de ruban devint très-important. Il emploie aujourd'hui plus de 250 métiers, et occupe 700 ouvriers.

Le commerce de filterie, qu'on ferait mieux d'appeler le commerce de fil à coudre, rivalise aujourd'hui avantageusement avec celui de Lille; il emploie plus de mille ouvriers. Comines possède encore de beaux tissages de toiles (200 métiers), d'articles de Roubaix (100 métiers), deux teintureries, une blanchisserie importante, et une peigneuse mécanique de laines.

CHAPITRE IX.

XVI° et XVII° siècles. Troubles causés par l'hérésie. — Les Hurlus à Comines, en 1566. — Formulaire des échevins de Comines. — Siége du château, dévastation et incendie de Comines, en 1579. — Translation d'une partie des reliques de saint Chrysole — Peste de 1646 et 1647. — Chapelle de Notre-Dame des Sept-Douleurs. — Ecole des orphelines.— Destruction du château et de la chapelle Castrale, 1674. — Maison des orphelins.

Luther et Calvin, en se révoltant contre l'autorité de l'église, avaient ouvert la voie à toutes les erreurs et à tous les excès. Comme dans les siècles précédents, l'hérésie engendra les divisions, les révoltes, et bientôt après les guerres, les incendies et les pillages. La Flandre fut un des principaux théâtres de ces guerres religieuses qui mirent l'Europe en feu pendant plus d'un siècle.

Charles-Quint n'avait réduit qu'avec peine les hérétiques qui s'étaient soulevés de toutes parts, au nom de l'indépendance religieuse, et qui s'étaient livrés en Thuringe, en Alsace et en Hollande surtout, aux excès les plus épouvantables. Les rigueurs de Philippe II son successeur et du duc d'Albe, qu'il nomma gouverneur des Pays-Bas, augmentèrent l'incendie plutôt que de l'éteindre. Dès l'année 1561, dit le père d'Oultreman, les hérétiques commencèrent à se produire dans ce pays, « *par les con-* « *venticules, les presches privez, chants des pseaumes de* « *Marot, par les rues pendant la nuit; par placards et billets* « *attachés aux portes des églises et aultres lieux.* » Bientôt ils se levèrent en armes, et comme les gueux des Pays-Bas, dont ils avaient pris le nom, ils se livrèrent à toutes sortes de violences et d'outrages contre les choses saintes.

Toussait-Carette rapporte « *qu'ils brisèrent les tombeaux,* « *firent leurs nécessités dans les fonts.... foulèrent aux pieds* « *le corps de J.-C., déchirèrent les livres...., volèrent les* « *ornements...., faisant mille méchancetés et vilainies....,* « *si comme jectant le beurre de provision l'ung après l'autre,* « *enfondrant les pièces de vin et gastant tous les aultres* « *vivres et meubles.* »

Des environs de Saint-Omer, ils se jetèrent sur Ypres les 15 et 16 août 1566, dévastèrent successivement les églises des villages situés entre la Lys et la mer; puis celles des villes situées le long de la Lys et aux environs de Courtrai. Après avoir dévasté et brûlé Wervicq, ils vinrent à Comines pour lui faire éprouver le même sort. Mais grâce au courage des arbalêtriers de St.-Georges (1), des habitants et de la garnison du Château-Fort ; ils ne purent franchir la porte de la ville, et furent contraints de se retirer, laissant leur nom à l'une des rues (2) qu'ils avaient envahie. Tout ce qui était sur leur passage fut dévasté et brûlé, et l'on pense que ce fut alors que fut détruit le château de l'évêque de Tournai, situé sur la route de Lille.

Les gueux se répandirent ensuite dans la chatellenie de Lille, où ils pillèrent l'Abbaye de Marquette, et mirent à feu et à sang les villages dont ils s'emparèrent. Ce ne fut qu'en 1582, que la célèbre Jeanne-Maillotte de Lille, les repoussa vigoureusement en se mettant à la tête d'une société d'archers établie dans son auberge, et des femmes du quartier qui accoururent se joindre à elle.

Dès l'année 1565, la gouvernante des Pays-Bas mandait aux Etats de Lille de recevoir dans cette ville et sa chatellenie le Concile de Trente. Elle ordonnait de plus

---

(1) Nous trouvons dans la bibliothèque de M. Lambin, maire de Comines, le registre de la confrérie de Saint-Georges, commencé en 1522. Ces statuts sont vraiment remarquables, et portent l'empreinte de la foi antique de nos pères.

(2) Rue d'Hurlupins. Cette rue ne va que jusqu'au presbytère, lieu où était autrefois la porte de la ville. Du presbytère à la place, le vrai nom de la rue, tel que nous le trouvons dans l'ancien cadastre de la ville, porte celui de rue des Dames.

que *l'inquisition se fît comme elle s'était faicte jusque-là*, et recommandait surtout d'y faire exécuter les placards de Charles-Quint contre l'hérésie, sans *dissimulation* ni *connivenche* (1). Les Etats promirent de faire observer ces placards, mais ils déclarèrent qu'on ne recevrait pas l'inquisition.

Cette manifestation surprit la gouvernante, qui se contenta de demander *d'empescher que les presches ne se fissent ès lieux où elles n'avaient pas été faites*. Le magistrat en concluait *qu'il devait les tolérer ès lieux où elles avaient été faites. Comme Tournai, Ypres, Armentières, Comines, Warneton, où elles s'exerçaient publiquement et sans quelque destourbie* (2).

A Comines, où l'hérésie avait été publiquement prêchée, elle n'avait guère fait de prosélytes. Le clergé de la ville n'avait pas manqué d'éclairer les fidèles, et on a vu que le seigneur de Comines lui-même, Georges d'Halluin, attaqua dans un ouvrage les principales erreurs des protestants.

Le serment que prêtaient chaque année les échevins de Comines, suffirait à lui seul pour prouver l'horreur

---

(1) *Histoire de Lille*, par M. Derode. Tome II, p. 28 — Mémoire de M. Lebon, p. 108.— Société royale des sciences de Douai.

(2) *Histoire de Lille*, id., p 29. — Mémoire justificatif du magistrat de Lille adressé à Philippe II. — Manuscrit de la bibliothèque de M. Barrois, de Lille.

qu'inspiraient à nos pères toutes les doctrines contraires à la religion.

Voici ce formulaire que nous transcrivons (1) :

« Translat du formulaire pour le serment que prêtent d'ancienneté et annuellement les échevins de la ville de Comines :

« Nous chacun des échevins de la ville de Comines « respectivement choisis, jurons et affirmons sur la « damnation de notre âme, que nous croiions tout ce que « notre mère la sainte Eglise, catholique, apostolique et « romaine croit, nous enseigne, et propose sur l'obéis- « sance de notre Saint Père le pape ; abjurant et détestant « toute doctrine contraire à icelles, comme celles des « Luthériens, Calvinistes, Anabaptistes et tous les autres « hérétiques, leurs adhérents et leurs sectateurs, auxquels « nous nous opposerons et résisterons toujours, si avant « qu'il nous sera possible.

« Ainsi Dieu nous aide et ses Saints.

« Plus, jurons et affirmons que dans toutes les causes « et procès èsquels nous interviendrons, nous porterons « sentence et jugement bon et fidèle à juste connaissance « et à la conservation du droit des partis ;

« Plus, que nous aiderons, maintiendrons et soutien- « drons les droits des veuves et des orphelins ;

« Que nous tiendrons secrets notre voix et avis délibé- « ratifs et ceux de nos confrères en loy, comme aussi

(1) Registre du magistrat, Off. et Bourgeois de Comines, p. 46.

« l'avis de ceux qui nous l'auront donné comme conseil « de cette ville.

« Tous lesquels points nous promettrons d'accomplir « bien et dûment sans rien en omettre, non plus par « considération de notre propre intérêt, ou profit, ou de « cettuy de nos parents et amis que par crainte de re- « proche, haine ou envie, que nous pourrions nous attirer « et encourir.

« Plus, de vivre en paix, union et concorde, comme « bons confrères en loy ; éloignant de nous autant que « possible toutes querelles, haines et dissensions, qui « causent grand empêchement et obstacle à l'exercice de « la justice.

« Ainsi Dieu nous aide et tout ses Saints.

« Finalement, jurons et affirmons que pour avoir été « choisis à l'état d'échevin, nous n'avons rien donné, fait « donné, promis, ni fait promettre de donner directe- « ment ou indirectement.

« Ainsi Dieu nous aide et tous ses Saints. »

Dans le courant de l'année 1579, les protestants, qui déjà avaient commis tant de dégats et de violences dans le pays de Comines (1), brulèrent la ville et la ruinèrent

---

(1) Comines avait été réduit en cendres par des incendies arrivés par accident, en 1427 et 1540. Buzelin. *Gallo flandria*, page 62. — Registre de la ville — Il faut remarquer qu'alors toutes les maisons, comme dans les villes voisines, étaient bâties en bois, c'est ce qui explique la fréquence des incendies.

entièrement. Delanoue, surnommé Bras-de-Fer, assiégea durant six semaines, le château défendu par le sire de Bouvry (1). Furieux de n'avoir pu s'en emparer, ce chef des *Malcontents* tourna toute sa fureur contre la ville de Comines qu'il occupait. Il empêcha les catholiques d'accomplir aucun devoir religieux, et remplit de soldats l'église et l'hôpital Notre-Dame dont il avait chassé les prêtres et les religieuses. Forcé de se retirer devant les troupes du comte de Mansfeld, Delanoue brûla l'église, détruisit l'hôpital. Il fit de la ville un monçeau de ruines. Les archives de la commune furent alors anéanties. A l'exception de quelques pans de murailles de l'église et de l'hôpital, il serait impossible de touver aujourd'hui un monument ou une maison antérieurs à cette date, 1579 (2).

Comines ne tarda pas à se relever par de nouvelles et plus élégantes constructions (3). Elle devait avoir encore de beaux jours, et Dieu permit même que ce fut dans la première moitié du siècle suivant qu'elle recouvrât une partie des reliques de saint Chrysole, son illustre patron.

Il y avait quatre à cinq ans que Comines était privée des restes précieux de ce saint à qui elle devait le bienfait de la foi et de la civilisation. A cause des troubles et des guerres, on avait laissé à Bruges ce dépôt sacré pour le soustraire aux profanations sacriléges des hommes

(1) *Histoire de Lille*, tome II, p. 66.

(2) Buzelin, *Gallo flandria*, p. 62, *Histoire de Lille*, t. II, p. 66 et suivantes, et registre des magistrats officiers et bourgeois de Comines, p. 1re

(3) Buzelin, p. 62.

d'armes ou des hérétiques. Lorsque les chanoines de Comines crurent qu'ils pouvaient sans danger replacer les saintes reliques dans le lieu où saint Eloi lui-même les avait déposées neuf siècles auparavant, ils s'adressèrent au chapitre de Saint-Donatien, à Bruges, pour réclamer les dépouilles vénérables de leur saint patron. M. Philippe Triest, doyen du chapitre, fit beaucoup de démarches, qui restèrent d'abord sans effet, les chanoines de Comines n'ayant aucun titre qui prouvât que la sainte relique leur appartint. Les habitants étaient dans une désolation extrême. Dans le courant de l'année 1611, ils reçurent de la cathédrale de Tournai, une partie assez considérable d'une côte que cette église elle-même avait obtenue des chanoines de Bruges ; mais ce n'était là qu'un bien petit dédommagement pour la perte qu'ils avaient faite. Enfin, Monseigneur Maximilien-de-Gand-a-Vilain , évêque de Tournai, sollicita puissamment auprès de l'évêque de Bruges, Monseigneur Servais Quinckère; et les chanoines de Saint-Donatien, à la prière de leur évêque, consentirent à céder un os entier de la cuisse avec deux parties notables des côtes.

L'évêque de Tournai apporta lui-même ces précieuses reliques depuis le château de Quesnoy-sur-Deûle jusqu'à Comines. C'était le même chemin qu'avait suivi saint Chrysole, lorsqu'il vint de Verlinghem portant la partie supérieure de sa tête dans les mains, comme rapporte la légende. Un chronographe qui ornait un arc de triomphe dressé pour cette cérémonie, en rappelait le souvenir.

eâ Ipsâ reDVCItVr Via qVâ VenIt
Vt Martir obIret. (1636).

Cette translation des reliques du saint patron de Comines, fut un véritable triomphe ; le dépôt sacré avança entre deux haies d'ecclésiastiques, de religieux et de bourgeois qui portaient des flambeaux, et au milieu d'une foule immense qui se pressait partout sur son passage, les arquebusiers faisaient de fréquentes décharges de leurs armes, et partout éclatait la plus vive allégresse. La châsse précieuse entra dans la ville, portée par deux chanoines de la Collégiale de Saint-Pierre de Comines. Monseigneur Maximilien la suivait revêtu de ses insignes. Le clergé, le magistrat, et le peuple de toutes les classes, rivalisèrent de zèle pour donner à la fête plus de splendeur et de magnificence. Les saintes reliques restèrent exposées dans le chœur de l'église après les offices solennels célébrés par l'évêque diocésain. Le soir, on alluma sur la place du Marché de nombreux feux de joie, et l'allégresse se prolongea jusque dans la nuit.

L'anniversaire de cette translation se célèbre tous les ans dans l'église de Comines, le dimanche avant la fête de saint Simon et de saint Jude.

La châsse, magnifiquement ornée, fut placée dans un habitacle au milieu du maître-autel. Lors du prolongement du chœur, en 1767, le chapitre fit faire un élégant piédestal qu'on voit encore aujourd'hui, et sur lequel elle est placée durant la neuvaine qui commence le 7 février. La procession solennelle qui termine cette neuvaine, attire toujours une foule immense d'étrangers, que ne sauraient arrêter, ni les pluies ni les froids rigoureux de la saison.

Verlinghem, qui a aussi pour patron saint Chrysole,

obtint pareillement, en 1636, une parcelle d'une côte. Cette relique disparut dans l'incendie qui consuma l'église en 1840 ; elle fut heureusement remplacée par une autre que le chapitre de Saint-Donatien accorda en 1842 à la demande de M. Musin, alors curé de cette paroisse.

Dix ans après la translation des reliques de saint Chrysole, une peste, qui éclata en Artois, en Picardie et dans les Pays-Bas, fit un nombre considérable de victimes à Tournai, ainsi qu'à Comines où elle sévit avec une extrême rigueur. Deux pierres placées sur les murailles de l'église, précisent l'époque de l'apparition de ce fléau. On croit qu'il dura plus d'un an, à en juger d'après ces deux épitaphes conçues en ces termes : *Ici gist le corps du révérend père* CAYDRÉ, *récollet, confesseur des religieuses pénitentes à Comines, trépassa de la contagion le* 28 *août* 1646. — *Hic jacet R. D. Cornelius Martin P. B. R. et canonicus hujus ecclesiæ qui peste tactus obiit* 19 *Julii* 1647. C'est à dire : Ci gît le révérend Monsieur Corneille Martin, prêtre et chanoine de cette église qui, atteint de la peste, mourut le 19 juillet 1647.

Il y avait à Lille, dans ce temps-là une confrérie *d'enterreurs* et un *capitaine de la peste*. (1).

Lorsqu'un bourgeois ou manant était reconnu comme atteint de la peste, il lui était défendu de circuler dans la ville, dit M. Derode; il devait tenir à la main une ba-

---

(1) *Histoire de Lille*, par M. Victor Derode, t. II, p. 132.

guette blanche, qui servait d'avertissement aux passants(1). La tradition nous apprend que la baguette blanche ou *le bâton blanc* avait à Comines une autre signification. Il était véritablement un signe d'honneur, et n'était porté que par ceux qui, après avoir été atteints de la cruelle maladie, échappaient à la mort; ce qui était regardé comme presque miraculeux. Quelques familles des environs conservent encore avec respect le bâton qui, dans leur pensée, ne peut manquer de leur porter bonheur.

On raconte que dans ces temps malheureux, l'air était empesté et faisait mourir les oiseaux qui passaient dans ces régions. La viande devenait noire dans les maisons atteintes du mal. On se souvient encore dans le pays que de neuf personnes causant ensemble sur un champ que l'on désigne, cinq avaient été enlevées en quelques heures. Des quatre autres, deux succombèrent peu de jours après; une seule n'eut rien, et l'autre, après avoir été attaquée, jouit des honneurs du *blanc bâton*. Des tombereaux passant dans les chemins recevaient les victimes qu'on enterrait aussitôt.

Plusieurs prêtres et religieuses succombèrent en exerçant leur ministère de charité. Le mal se communiquait d'une manière extrêmement prompte ; aussi, en donnant la sainte Eucharistie se servait-on d'une petite palette d'argent pour éviter tout contact avec le malade.

Si l'on en croit la tradition, la moitié de la population

---

(1) *Histoire de Lille*, t. II. p. 132.

de Comines aurait été enlevée par l'épidémie. Un fait semble confirmer cette opinion, c'est la mesure que prit le magistrat de Comines de faire l'acquisition d'un champ situé près de la ville pour y enterrer les pestiférés. Le cimetière ordinaire était devenu insuffisant.

Ce fut sur l'emplacement de ce champ funèbre qu'on bâtit quelques années plus tard la belle chapelle de Notre-Dame des Sept-Douleurs, pour l'accomplissement d'un vœu que les échevins de Comines avaient fait à la sainte Vierge afin d'être délivrés du terrible fléau.

La fondation de l'école des pauvres orphelines remonte à la même époque. Des dames pieuses, considérant, à l'occasion de la peste, la brièveté de la vie, l'inconstance et le peu de durée des biens terrestres, prirent la résolution de se réunir et de sacrifier leurs biens et leurs soins à l'entretien et à l'instruction d'environ trente orphelines. Ces Dames, que l'on peut comparer aux Dames de Messines, ne faisaient aucun vœu et étaient libres de toutes règles; elles firent à Comines un bien immense. Les vieillards se souviennent encore de leur mise sévère et de la propreté des enfants qui étaient toutes vêtues de bleu. L'an 1731 (1), le roi Louis XV, en considération des témoignages avantageux qui lui avaient été rendus de l'application et de l'instruction des protégées de la pauvre école de Comines, accorda aux Dames une rente

(1) Registre de l'Hotel-de-Ville de Comines, p. 269.

annuelle de 600 livres, créée sur l'abbaye de Liessies.

C'est ainsi que la Providence permet quelque fois que les hommes soient affligés de grands maux, pour leur rappeler l'importante affaire du salut, la nécessité de faire des bonnes œuvres, et procurer à la société d'importants services par l'établissement de fondations pieuses.

En même temps que la peste exerçait ses ravages à Comines, la ville souffrait encore des guerres que les Français et les Espagnols se faisaient continuellement. Le château, après avoir résisté à tant de siéges, fut pris par l'armée française, que commandait le maréchal de Gashe, en 1645. Quatre ans plus tard, les Espagnols le reprirent après quinze jours de tranchée ouverte. Le maréchal de Turenne s'en empara de nouveau en 1658, et livra la ville au pillage : enfin, le 9 août 1674, le maréchal d'Humières, gouverneur de Lille, fit sauter ce château dans la crainte qu'il ne donnât aux ennemis, s'il venait à tomber encore en leur pouvoir, de nouveaux moyens d'inquiéter les communications. (1) Malgré les mines que l'on fitjouer, ce ne fut pas sans peine que l'on vint à bout de détruire cette forteresse, à cause de l'épaisseur de ses murailles et de la dureté du ciment, ainsi qu'on peut le reconnaître dans le débris qui a été conservé jusqu'à ce jour.

La chapelle castrale avait été détruite avec le château,

(1) Campagne de Flandre en 1674, p. 103.

mais le chapelain continuait de remplir ses fonctions dans l'église Collégiale, et y disait la messe tous les jours pour les seigneurs de Comines. Cet état de chose dura jusqu'à la mort du dernier titulaire, Monsieur Ignace Parmentier, qui arriva en 1758. A cette époque, les échevins demandèrent au duc d'Orléans, seigneur de Comines, que les revenus du chapelain, qui consistaient en dîmes, fussent appliqués à la maison des pauvres orphelins de la ville, moyennant une certaine rétribution accordée à un prêtre, pour la décharge des messes journalières à dire à la même intention (1).

On voit, par cette simple indication, que Comines possédait, outre un orphelinat pour les filles, une maison de refuge pour huit ou dix garçons. Ces deux établissements si utiles subsistèrent jusqu'à la révolution de 1793, qui les abolira au nom de la liberté et de la fraternité !!

---

(1) Registre de la ville de Comines, p. 132, 133, 134.

CHAPITRE X.

XVIIIe siècle jusqu'à la Révolution française. — Le Janséniste Brunfaut à Comines — Mission de 1749. — Construction du chœur. — Un mot sur la bâtisse de l'église; pierres tumulaires. — Nomenclature des curés de Comines, depuis la fin du XIIIe siècle, jusqu'en 1789.

Au commencement du XVIIIe siècle, le Jansénisme chercha, mais en vain à s'implanter à Comines. Voici ce que rapporte une lettre trouvée dans les papiers de la sacristie. En 1720, un prêtre savant, nommé Brunfaut, partisan des doctrines Jansénistes du père Quesnel, vint à Comines pour y faire des prosélytes. Une conférence solennelle eut lieu entre ce prêtre étranger et un chanoine de la Collégiale, Jean-Baptiste Blanchard, devant un grand nombre de fidèles. A la suite de cette discussion, le Janséniste, malgré son talent et ses subtilités, fut obligé de s'éloigner poursuivi par la colère des Cominois.

Ce Jean-Baptiste Blanchard qui avait fait une étude particulière des erreurs enseignées par les hérétiques de France et de Hollande, composa un ouvrage divisé en vingt-cinq répliques ou vingt-cinq parties pour prémunir les fidèles contre les dangers des fausses doctrines répandues de toutes parts par les protestants et les partisans de l'*Augustinus*.

La mission de 1749 donna, trente ans plus tard, un nouveau témoignage de la foi des habitants de Comines. Le dernier jour de cette mission, la sainte communion fut distribuée à plus de cinq mille personnes (1), comme le constate un registre de l'Hôtel-de-Ville. Le renouvellement des promesses du baptême se fit avec une grande solennité. On avait dressé un magnifique autel aux fonts baptismaux ; et là, en présence d'un nombreux clergé, des chanoines et des magistrats portant le flambeau, le doyen du chapitre, tenant dans les mains le Très-Saint-Sacrement, reçut, au nom de Dieu, la rénovation des vœux du baptême de tout le peuple de Comines

Cette célèbre mission qui dura huit jours, fut donnée

(1) Registre des magistrats et bourgeois de la ville de Comines, p 12. Remarquons bien qu'alors les deux Comines et la chapelle Tenbriélen, ne formaient qu'une seule paroisse.

par les R.R. P. Jésuites de l'autel de Broux. C'est alors que le calvaire; placé à droite du portail, fut renouvelé, la croix, bénite par Monsieur le Doyen du chapitre, avec l'autorisation de l'évêque de Tournai, resta exposée dans l'église depuis le dimanche, jour de Saint-Pierre, jusqu'au jeudi suivant; puis elle fut portée processionnellement par les habitants et fixée, à l'endroit où elle resta jusqu'à l'époque de la révolution (1).

Deux ans après cette mission (1751), les magistrats firent la promesse d'assister en corps à l'administration pascale des infirmes de la ville, et ordonnèrent d'y faire assister pareillement les agents des différents offices et administrations, afin que cette cérémonie se fît avec plus d'édification pour le peuple et que plus d'honneur fût rendu au Très-Saint-Sacrement (2).

En 1740 et 1741, il y eut presque famine dans le pays; cette disette donna occasion à M. Becuwe, bourgmestre, et M. De la Haye, curé, de témoigner tout leur dévouement et leur charité. Le premier obtint du duc d'Orléans une somme considérable pour le soulagement des malheureux. Cette ressource étant bientôt épuisée, le curé et le bourgmestre allèrent eux-mêmes de maison en maison, engager les habitants à se côtiser selon leurs moyens, afin de distribuer aux pauvres, les secours nécessaires et em-

(1) Registre de la ville de Comines, p. 12.
(2) Id. p. 14.

pêcher ainsi la mendicité à Comines (1). A cette disette qui avait duré deux années, succéda un temps de grande abondance.

Monsieur De la Haye, qui avait si puissamment contribué au soulagement des misères corporelles de ses ouailles, donna aussi des témoignages sensibles de son zèle pour le salut de leurs âmes. Par ses instances et ses démarches réitérées, il obtint qu'une messe fût dite de bonne heure, chaque jour, afin que les ouvriers pussent y assister et recevoir la bénédiction du Saint-Sacrement avant d'aller au travail (2).

En l'année 1767, de grands changements furent opérés dans la Collégiale de Saint-Pierre. Les chanoines firent construire à leurs frais le chœur actuel, qui prolongeait l'église du côté du château. Précédemment, le clocher était au milieu de l'église, l'autel des chanoines dans le fond et l'autel paroissial entre la tour et le chœur. Par suite de ce changement, l'autel de la paroisse fut transféré dans une nef, et les reliques de saint Chrysole déposées au fond du sanctuaire.

Notre vieille église, sur l'emplacement de laquelle s'élevait jadis un temple payen, avait été dédiée par saint Chrysole au prince des Apôtres. Elle subit bien des mo-

(1) Registre de la ville, p. 11. Dans ces deux années 1740-41, le bled avait été jusqu'à 36 florins la razière. Un an plus tard il ne valait plus que 6 florins et ld. descendit même à 4 florins.

(2) Registre de la ville, p. 12.

difications par suite des guerres, des incendies, des pillages qui arrivèrent dans le cours des siècles. Il serait impossible de dire quelle était sa première structure. La partie basse de ses murailles, bâtie en pierres brutes et inégales, doit être d'une époque très reculée, les fenêtres ogivales du portail à la tour, rappellent le treizième siècle. Détruite et incendiée par Delanoue, en 1579, elle fut relevée sur ses vieilles murailles qu'on avait achevées avec des briques. Aussi, voit-on tout un pan de muraille bâti d'abord en gravier et en pierres inégales, puis en grès taillés et enfin le haut en briques. Rien de plus choquant et de plus bizarre que cette construction.

Le clocher actuel remonte à 1615, l'aîle où se trouvait autrefois la chapelle de Saint-Joseph, à 1624, la grande sacristie, à 1642, et la petite à 1771.

Quand le chapitre entreprit le prolongement de l'église, au lieu de continuer le style général de l'église, qui était l'ogival, on préféra le style grec selon le goût du siècle. Ce contraste frappant donne à l'église le plus singulier aspect.

Avant la révolution, le pavé de l'église était presque entièrement de pierres tumulaires ; il y en avait de très anciennes et très remarquables, mais presque toutes furent détruites. Disons un mot de celles qui ont échappé aux désastres et qui offrent un caractère historique ou religieux.

Constatons d'abord l'existence des caveaux sous l'ancien chœur et sur les côtés de l'église. C'était dans les souterrains du chœur que les seigneurs de Comines avaient leur sépulture. Ce fut le 12 mai 1752 qu'on y descendit pour la dernière fois, ainsi qu'il résulte d'un procès-verbal trouvé au livre des résolutions de la ville de Comines. « Les sieurs de Clerq, bailli, et Becuwe, bourgmestre, avec le sieur Momont, vicaire, et plusieurs ouvriers maçons, sont entrés dans les caveaux après en avoir foncé les voûtes. On y a trouvé deux caveaux attenant l'un à l'autre et séparés d'une muraille d'une brique, maçonnés de tous côtés, pavés et voûtés, lesquels deux caveaux étaient encore dans leur entier, tous deux de la longueur de huit pieds et demi sur la largeur de deux et demi et sur la hauteur du pavement à la voûte de six pieds. Dans le caveau qui se trouve au milieu du chœur, il y a les armoiries de la maison de la Clyte, peintes sur les parois dudit caveau, composées d'un chevron et de trois écailles, et l'inscription d'une ligne écrite aux parois autour dudit caveau, en lettres qu'on appelle de Saint-Pierre, contenant en flamand par traduction de mot à mot : « Cy gist enterré Jean de la Clyte, chevalier, seigneur de Comines, qui trépassa le 13e jour de may 1443.» Ledit sieur bailli a fait rapport aussi d'être entré dans le caveau joignant qui se trouve à la gauche en entrant au chœur, du côté de la chapelle de la Vierge, où il a été observé une pareille inscription autour des parois contenant par traduction du flamand en français de mot à autre : « Cy gist Jeanne de Ghistelle, laquelle trépassa en l'an de Notre Seigneur 1431, le 9e jour d'octobre. Sur lesdits parois étaient peintes les armoiries de la maison de Ghistelle, contenant un chevron herminé, lesquelles étaient accollées avec les armes de la Clyte. A la tête dudit caveau étaient représentées deux figures à genoux représentant homme et femme et l'image de Dieu crucifié au milieu. Au pied dudit caveau étaient aussi peintes deux figures à genoux et l'image de la sainte Vierge au milieu. Lesquelles inscriptions, armoiries et peintures étaient encore dans leur entier. Après cette inscription, les entrées des caveaux furent rebouchées par les ouvriers maçons. De tout quoi lesdits sieurs Declerq, bailli, et Becuwe, bourmestre, ont requis qu'il soit tenu et enregistré le présent acte en témoignage et mémoire de la vérité, et aussi pour la conservation des droits, autorités et prérogatives de Son A. S. Monseigneur le duc d'Orléans, en qualité de seigneur de Comines. Étant signés Declerq, Becuwe, D. Ghesquière, de Reu, Ignace Lesaffre, Ignace Becquart. »

Il y a bien d'autres caveaux qui renferment les ossements des différentes familles seigneuriales du pays, telles que celles des De Wasières, des De la Clyte, etc. On peut facilement s'en convaincre en perforant sous les dalles du pavement de l'église. Des caveaux existaient encore sous l'ancienne chapelle de Saint-Joseph, mais on ignore à quelles personnes ils servaient de lieu de sépulture. C'est dans cette chapelle qu'on trouve cette épitaphe de M. Bonvin, ancien curé de Comines, qui mourut en 1723.

D. O. M.

et memoriæ R^di^ Domini Frederici BONVIN hujus ecclesiæ canonici et pastoris, qui grandi nimium pastoris munere functus, pastorum tandem pastori occurerre morte debuit ut cunctos pandat quos vita peregit actus incertâ stricti sub judicis urnâ ; spe vixi moriorque tremens, fer opem lector atque mihi precibus adjuva fletinus. *Puis en français :* Après avoir régi la paroisse l'espace de 62 ans. La manière dont cette épitaphe est conçue indique assez qu'elle est l'œuvre de M. Bonvin lui-même. En voici la traduction :

« A la mémoire de révérend Monsieur Frédéric Bonvin, chanoine et curé de cette paroisse qui, après avoir rempli la trop redoutable charge de pasteur, dut, forcé par la mort, paraître devant le pasteur des pasteurs et lui dévoiler tous les actes de sa vie, consignés dans l'urne mystérieuse d'un juge sévère. J'ai vécu d'espérance, je meurs tremblant : Lecteur, apporte-moi au plus tôt le secours de tes prières. »

Dans cette même chapelle, à côté de la fenêtre, on lit les noms de la noble et bienfaisante famille Becuwe. Un peu plus bas se trouve la pierre tumulaire qui rappelle le nom d'une bienfaitrice de la même famille, tuée à Lille pendant le bombardement de 1792. De l'autre côté de la fenêtre, sur une pierre noire attachée à la muraille, on voit l'épitaphe de M. Laignel, nommé doyen du chapitre, par Monseigneur Gilbert de Choiseul-Duplessis-Praslin, évêque de Tournai, en 1686, et qui mourut plein de mérites et de vertus, en 1722.

Sur la pierre tumulaire du premier bénéficier de la chapelle Tenbrielen, on lit ces mots : « A la gloire de Dieu. Ci-devant repose le corps de Me Jacques Gheysen, premier bénéficier de la chapelle de Saint-Eloi, dit Tenbrielen, qui a donné à l'église de Comines une rente de deux cents livres de gros le capital à condition de faire f. célébrer (*sic*) à l'ostel de la paroisse, tous les dimances une messe avec le de profundis immédiatement avant la prédication pour le repos de son âme, ses parents et amis à perpétuité et à toujours. A la distribution de dix patards chaque messe et dix patards par an pour l'entretien de de son épitaphe, à prendre sur les revenus de ladite fondation, à la distribution des ministres de cette église, âgé de 74, d. c. d. le 19 fev. 1720. »

Auprès des fonts baptismaux on voit une autre pierre qui mérite d'être signalée; c'est celle d'Antoine Van Erpe, fils du dernier gouverneur du château, qui consacra sa vie au soulagement des pauvres, et demanda à être enterré au bas de l'église, lieu où les pauvres se tenaient ordinairement. Cette pierre sans date fut posée à la fin du XVIe siècle. L'épitaphe qu'on y lit est en latin, dont voici la traduction française.

« Dans l'espérance de la résurrection future, sous ce marbre reposent les restes du noble célibataire Antoine Van Espe, fils de Guillaume, autrefois gouverneur du château. Sa modestie a choisi ce lieu pour être avec ses pauvres qu'il avait institués héritiers pour un quart de sa fortune. Ah pauvres! priez bien pour votre père nourricier. »

Ajoutons à ces mots vénérables gravés sur les quelques pierres tumulaires qui ont échappé au marteau révolutionnaire, les noms également respectables des plus anciens curés de Comines, et qui sont cités dans différents manuscrits que nous avons sous la main. Guillaume de Thourout, qui vivait vers l'an 1298 (1); Siméon, curé de

(1) Registre de l'hôpital N.-D., p. 82.

Comines et Doyen de chrétienté de Courtrai, en l'an 1361 (1) ; de Borch, en 1402 (2) ; Jean Frumault, qui assista en 1595, à la bénédiction d'une cloche, à l'hôpital (3).

Quoique Comines n'eut qu'une seule église, elle avait deux paroisses, ayant chacune leur curé respectif. Cet état de choses dura jusqu'en l'année 1663, où les deux paroisses furent réunies sous la seule juridiction de M. Bonvin. En 1620, le curé de la partie wallonne, est Me André Meurillon, docteur en théologie, chanoine très-savant et très-digne (4); M. Lemercier, en 1622 (5), de 1617 à 1623 ; M. Philippe Leboucq pour la partie flamande (6), de 1627 à 1638 ; M. Philippe Triest, qui fit tant de démarches pour obtenir les reliques de saint Chrysole en 1636 (7), de 1638 à 1654 ; M. Pierre Bloeimaert, qui fut tué par des soldats près d'un cabaret nommé *Lerhut* (8), Jacques Lambe, de 1654 à 1661 ; Jean-Baptiste Vanderberghe, de 1654 à 1663, pour la partie flamande ; de 1661 à 1723, Frédéric Bonvin succéda à Lambe pour la partie wallonne, et réunit sous

---

(1) Registre de l'hôpital N-D. p. 82.

(2) Id., p. 141.

(3) Id., p 2.

(4) Registre des baptêmes à l'Hôtel-de-Ville.

(5) Registre des magistrats et bourgeoisie de Comines, p. 2

(6) Reg. des baptêmes.

(7) Id. et préface de l'office de Saint-Chrysole, imprimé en 1696.

(8) Reg. des baptêmes.— C'est à l'aide de ces registres que nous trouvons tous les noms que nous énumérons jusqu'à la Révolution française.

sa juridiction les deux paroisses wallonne et flamande, en 1663, à la mort de Vanderberghe, M. Bonvin eut pour vice-curé, Gaspard Fonteyne. Depuis ce temps, Comines n'eut plus qu'un seul curé, bien que la séparation des paroisses (1) fut conservée. Dans les réparations faites à l'église, en 1742, il est dit que la ville a payé la moitié des frais, et les deux paroisses chacune un tiers.

A M. Bonvin, mort en 1723, succéda M. Deuritre. mort en 1724;

De 1724 à 1754, M. Delahaye de Lille, dont l'épitaphe est à l'église.

De 1754 à 1759, M. Joseph Dourbe.

De 1759 à 1766, M. Delmerre.

De 1766 à 1777, M. Danicant.

De 1780 à 1791, M. Gosse, dernier curé avant la révolution, dont nous aurons bientôt occasion de parler.

Il nous eut été agréable de pouvoir donner la liste des doyens du chapitre, mais nos recherches sur ce point n'ont eu que peu de résultat.

On sait que primitivement les chanoines faisaient l'office de curé, de sorte que le doyen du chapitre était en même temps le chef spirituel de la paroisse. Dans la suite, les évêques de Tournai jugèrent convenable de conférer le titre de curé à un chanoine qui ne fut pas le doyen du chapitre, et établirent ainsi dans les mêmes

(1) Reg. des magistrats et bourgeois de Comines, p. 4 et 7.

églises collégiale et paroissiale tout à la fois, deux autorités distinctes.

La plupart des chanoines, et surtout les doyens du chapitre, étaient des hommes généralement distingués par leur vertu et leur science. Beaucoup d'entre eux, comme les Triest, oncle et neveu, les Laignel, les Jacquart, les Lefebvre, (1) étaient décorés du titre de docteur en théologie. On verra bientôt quelle noble conduite tinrent les derniers chanoines à l'époque de la révolution.

---

(1) Nous lisons dans l'*Histoire de Lille*, qu'en 1787 le clergé et la noblesse réunis en assemblée provinciale choisirent les abbés de Marchiennes, de Loos, *M. Lefebvre, doyen de Comines*, le baron d'Elbecque M. Petit-Pas, le comte de Lannoy, pour porter au pied du trône les représentations des deux ordres, sur *les abus évidents de l'administration actuelle*.

CHAPITRE XI.

Maisons religieuses de Comines. — Hôpital de Notre-Dame. — Hôtel du Saint-Esprit ou Gheesthuys. — Sœurs grises. — Récollets.

Il nous a paru convenable de placer l'histoire des maisons religieuses établies à Comines, immédiatement avant la Révolution, puisque c'est sur la scène révolutionnaire qu'elles brilleront d'un plus vif éclat, et que quelques-unes après avoir laissé aux générations futures les plus beaux exemples de foi et de charité, cesseront alors d'exister. Commençons par l'hôpital de Notre-Dame.

Il serait difficile de donner la date précise de la fondation de l'hôpital de Notre-Dame de Comines. Cette maison, bâtie par un seigneur de Comines (1), est très-ancienne, comme on peut le voir d'après une charte du XIIe siècle (1196), qui suppose un établissement existant depuis longtemps. Elle fut fondée pour les pauvres malades. On y recevait aussi les pélerins, les chartriers (2), comme nous l'apprennent les plus vieux titres.

Les religieuses de l'ordre de Saint-Augustin ont de tout temps dirigé cette maison dont elles étaient propriétaires. Elles-mêmes choisissaient leurs sujets, n'avaient d'autre supérieur que l'évêque de Tournai, et avaient même le droit de désigner leur chapelain qu'elles présentaient au prélat pour qu'il en reçut la collation (3).

Ce seroit un travail curieux de relater toutes les chartes relatives à cet établissement, et qui ont échappé aux désastres des guerres et des incendies, grâce aux soins des religieuses, qui, en s'éloignant de leurs maisons, emportaient avec elles les titres de leurs droits et de leurs propriétés. Ces actes sont aujourd'hui les plus vieux monuments historiques de notre pays.

L'hôpital, situé sur les bords de la Lys, est un des plus beaux de l'arrondissement de Lille. La vieille structure de

---

(1) Manuscrit de Jacques Legroux à la bibliothèque de Lille.

(2) Chartrier ; ce mot vient de Chartre, prison, il est pris ici au figuré et signifie une personne misérable, dans un état semblable à celui d'un prisonnier. On disait être en chartre, c'est-à-dire être dans l'affliction, la souffrance.

(3) Registre de l'hôpital, p. 24.

ses cloîtres, autrefois ornés de vitraux coloriés, ses caveaux aux nervures élégantes et hardies, sa belle chapelle au style ogival et bysantin, ses salles couvertes de tapis anciens et où l'on trouve de superbes peintures, ses boiseries incrustées si remarquables, rappellent une époque de splendeur, et la riche munificence des bienfaiteurs de cette maison.

Aux XIIe et XIIIe siècles, la plupart des donations sont faites par les seigneurs mêmes de Comines. Citons-en quelques-unes.

L'an 1196, Bauduin a donné six cents de pré, qui sont devenus le jardin actuel de l'hôpital.

En 1222, Bauduin, seigneur de Comines, y a fondé les razières de blé, en même temps qu'il accorda le grand moulage à l'abbaye de Warneton.

En 1223, le même seigneur fonda la chapelle Saint-Jacques. On possède actuellement un magnifique reliquaire contenant un os de saint Jacques-le-Majeur.

Le même bienfaiteur donna à l'hôpital le rapport de la boucherie et celui de la fontaine Trespuis, en 1230. En 1280, Bauduin, seigneur de Comines, fait savoir que les religieuses ont obtenu treize cents de pré situés en la paroisse de Bas-Warneton, ainsi que quatorze razières d'avoine à percevoir tous les ans.

Plus tard, en 1403, on voit Nicolas de la Clyte décider qu'on n'a pas le droit de molester les religieuses dans la possession d'un pré, où l'on veut blanchir. Il rappelle que cette terre fut donnée aux dames de l'hôpital par ses ancêtres.

Mais, si les seigneurs de Comines ont fondé et doté

l'hôpital, les religieuses l'ont considérablement enrichi par leurs dots ou par des legs pieux. Grand nombre de ces religieuses appartenaient à de bonnes familles. En 1366, l'une d'elles donne neuf cents et demi de pré situés à Bas-Warneton. Catherine Delobel, de Lincelles, autre religieuse, apporte, en 1323, quatre bonniers de terre situés au Blaton. En 1421, Béatrix Thevelin, prieure de l'hôpital, donne quatre bonniers de terre et de bois situés à Ghelnelt. En 1451, la religieuse Magine, apporte en dot 800 de terre. Marie Maertens, religieuse née à Wervicq, fit des dons considérables à la maison de Notre-Dame; quinze cents de terre, trente cents de terre, cinquante verges de bois situés dans différentes localités. Cette religieuse mourut de la peste en 1478. Isabelle Boomen et Willemine Van Hallewyn, ont donné 20 livres parisis de rente en 1532.

Les chartes de l'hôpital constatent aussi des legs pieux de différentes personnes. Tous sont faits en faveur des pauvres, *à la dame supérieure et aux religieuses.*

François Daneel a donné à l'hôpital cinquante-quatre sols de revenu à la charge de faire célébrer douze messes, en 1505.

Des rentes furent créées sur des maisons en faveur de l'hôpital. Un manoir de la rue d'Hurlupin, devra payer 6 fr. 5 sols chaque année. Jacquemine Casteleyn a créé une rente de six livres, et a donné vingt-cinq cents de terre à la charge de faire célébrer un obit pour sa famille, en 1572

M. Phillippe Triest, doyen de la Collégiale de Saint-Pierre, *a donné à l'hôpital trois mille florins, à la charge de faire célébrer une messe solennelle le jour de la Sainte-Barbe, pour conserver la dévotion ancienne de se confesser et de communier ledit jour. Secondement, à charge d'un obit par an devant ou après la Saint-Philippe, les religieuses seront obligées à lire les vigiles et les commendaces pour le fondateur. Ce jour-là, les religieuses auront de la prieure deux lots de vin pour récréation, et les malades à l'avenant de leur santé...* M. François Triest, neveu du précédent, a donné deux cents florins à charge de faire dire quelques messes.

Dans les chartes que nous avons sous la main, les évêques de Tournai rappelaient souvent aux religieuses qu'elles *devaient recevoir et soulager les pauvres et les personnes misérables destitués de tout secours humain, principalement ceux que Dieu éprouve par la pauvreté et les maladies corporelles* (1).

Le chapelain recevait aussi des instructions spéciales sur ses obligations. On lui recommandait instamment entre autres choses, d'administrer les derniers sacrements aux malades en danger pendant la nuit (2).

La dame prieure Béatrix Thevelin, Catherine Idywerl, Martin Lemerre, en particulier, contribuèrent puissamment à la prospérité de cette maison. Sous tous rapports, les directeurs Van den Achere et Mathieu De Clerq furent aussi des hommes de zèle et de dévouement.

Mais cette maison si florissante, à la fin du XVIe siècle,

(1) Reg. de l'hôp., p. 22.
(2) Reg. de l'hôp., p. 12.

et qui donnait à tous les malheureux tant de secours corporels et spirituels, fut éprouvée d'une manière bien affligeante, lorsque Delanoue vint mettre le siége devant le château de Comines. On a vu que ce capitaine calviniste chassa les religieuses de l'hôpital pour le remplir de soldats ainsi que l'église. Peu de temps après, ces deux monuments furent détruits et livrés aux flammes. Les reli gieuses Augustines trouvèrent alors asile à Lille, dans l'hôpital Comtesse, où on les reçut avec les plus grands égards. Leur absence de Comines dura cinq années. Les pères Jésuites ayant, durant cet intervalle, occupé la maison, le prince de Chimay demanda l'intervention de M. Maes, ambassadeur à la cour de Rome, en faveur des religieuses Augustines qui, bientôt rentrèrent dans leur communauté, le souverain pontife ayait fait droit à leur *réclame*.

Quelque temps après le retour des religieuses, les archives de Notre-Dame font mention d'une bénédiction de cloche. La cérémonie fut célébrée avec pompe en présence de Jean de la Couture, chapelain, et de Jean Frumault, curé de Comines, en 1595.

Le prince de Chimay qui s'était déclaré le protecteur des religieuses, leur octroya la charte suivante que nous transcrivons mot pour mot. « Charles de Croy, Chimay d'Arembergħe, et comme il soit qu'étant parvenu à la succession des baronies de Comines et Halluin, il serait venu à notre connaissance que l'hôpital dudit Comines aurait été fondé et doté par nos prédécesseurs, sçavoir faisons que pour seconder les pieuses intentions de nosdits ancêtres, et autres considérations à ce nous mouvantes, avons agréé et ratifié, agréons et ratifions par cettes, tous et quelconques, les points repris ès lettres fondations, n'entendant nullement d'y contrevenir, ni qu'aucunes choses soient faites au contraire, ni que les religieuses qui le possèdent y soient molestées ou déboutées de leur possession, nous déclarons à cet effet protecteur et mainteneur contre tous et envers un chacun molestans, de tous et quelconques, les priviléges qui, par lesdites lettres fondatoires leur ont été accordés, car telle est notre volonté. En témoignage de quoi nous avons signé les présentes et y fait apposer notre cachet armoyé de nos armes. Donné à Bruxelles, le XVI mai 1616. Signé, ALEXANDRE de Croy, Chimay d'Arenberghe et scellé du grand scel sur cire rouge. »

Dans la peste de 1646-1647, l'hôpital souffrit beaucoup. On avait élevé à la hâte des cabanes à l'extrémité du grand jardin, le long de la Lys, pour y placer les pestiférés, de sorte qu'ils étaient séparés des autres malades. Des bacs qui servaient de baignoires avaient été construits dans la terre. Malgré tous les soins et toutes les précautions, le nombre des victimes fut considérable, et plusieurs religieuses payèrent de leur vie, les actes de dévouement que la charité leur inspirait pour les malheureux atteints de la contagion.

Cette maison a subi toutes les vicissitudes des guerres et des incendies. Il serait difficile de dire combien de fois elle fût brûlée. Les bâtiments actuels ne remontent guère au-delà du XVIIe siècle. Il semble cependant que les cloîtres, les voûtes des caves et une partie de la chapelle soient d'une date antérieure.

Nous donnons ici les noms des supérieures de l'hôpital

et ceux des chapelains qu'on trouve dans les registres et obituaires de la maison.

NOMS DES PRIEURES.

Marie Wisschers, en	1361
Martine Le Merre, en	1542
Jossine Van den Hameelen, en	1575
Isabelle Castelein, en	1595
Jeanne Neukel, en	1650-1686
Antoinette Triest, en	1686-1699
Agnès Farvaques, en	1699-1707
Anne Delbecque, en	1707-1711
Augustine de Clerq, en	1711-1728
Elizabeth Behague, en	1728-1744
Marie-Joseph Heuse, en	1744-1765
Marie-Augustine Lecomte, en	1765-1768
Marie-Anne Farvaques, en	1768

NOMS DES CHAPELAINS.

Philippe Biese, en	1361
Jacques Kensoen, en	1455
Matthieu de Clerq, en	1553
Jean de la Couture, en	1595
Philippe Triest (doyen), en	1625-1671
François Triest, en	1671-1709
Frédéric Bonvin (curé), en	1709-1717
Capmaker, en	1717-1738
Delannoit, en	1739-1749
Parent, en	1757-1758
Petitberghien, en	1758-1760

Pollot, en 1760-1777
Le Père Lucas, ex-Jésuite, en 1778-1779
Herrengt, en 1779-1783
Derebois, en 1783-1786
Alexandre Duthoit, dernier chapelain, en 1787

L'Hôtel du Saint-Esprit ou Gheesthuys, était une maison de refuge pour les pauvres vieillards des deux sexes qui ne pouvaient plus gagner leur vie.

Le plus vieux titre que nous trouvons, et qui fait penser que cette maison est fort ancienne, c'est une charte consignée dans le registre de l'hôpital, et où il est dit qu'en l'année 1222, Bauduin, seigneur de Comines, a fondé des razières de blé à la *table du Saint-Esprit.*

On ne sait rien de cet établissement dans les siècles qui suivirent sa fondation; mais son existence seule suffit pour constater qu'il vint en aide à un grand nombre de malheureux qui trouvaient là un asile contre la misère et la pauvreté. Dans l'année 1524, Georges d'Halluin, seigneur de Comines, se plaint que la maison du Saint-Esprit, nommé Gheesthuys, en flamand, a été mal régie, et se trouvait par conséquent fort arriérée ; qu'on y recevait toutes sortes de personnes contre les prescriptions de ladite fondation. Il veut qu'on n'y reçoive les vieillards que du commun accord du seigneur et des échevins, et que tout ce que possèderaient les pensionnaires profitât à la maison. Il ordonne de plus que le receveur de ladite maison ne pourra affermer ou louer aucune terre valant plus de huit livres parisis de rente par an, sans le consentement du seigneur et de son bailli.

Le Gheesthuys que l'on voit aujourd'hui fut rebâti en 1753.

Le couvent des Sœurs-Grises ou Pénitentes de Comines, fut fondé en 1455, par Jean de la Clyte, seigneur de Comines, sur l'emplacement d'un ancien béguinage détruit durant les guerres des XIIIe et XIVe siècles (1). Placées sous la règle du tiers ordre de Saint-François; les Sœurs-Grises s'étaient très-avancées dans les voies de la perfection, et rendaient d'importants services à la ville de Comines. Les mémoires du couvent de Notre-Dame-des-Anges de Tourcoing, heureusement conservés, nous font connaître leurs vertus et leur bonne renommée, dont elles jouissaient dans tout le pays (2). « Dans le temps qu'on pensait à Tourcoing à fonder une communauté pour le soin des vieilles femmes infirmes, et pour l'instruction des pauvres filles, les échevins, après avoir mûrement délibéré, jettèrent les yeux sur le couvent des Sœurs-Grises de Comines qui jouissait d'une excellente réputation. »

« Des négociations furent donc ouvertes, et le 2 décembre 1629, une lettre était écrite à la sœur Isabeau Du Bosquel, supérieure du monastère de Comines, au nom du pasteur et des échevins de Tourcoing. On priait la communauté des Sœurs-Grises d'envoyer quelques religieuses

(1) Manuscrit de Jacques Legroux.

(2) Nous empruntons notre récit aux notices biographiques de quelques personnages de Tourcoing, par le père Pruvost, p. 135, 136, 137, 138.

pour fonder à Tourcoing un couvent au lieu ou d'ancienneté il y avait un hôpital.

« Ce n'était pas un petit sacrifice qu'on demandait à ces bonnes religieuses. Il leur fallait quitter le couvent où elles avaient fait profession; et leurs bien-aimées sœurs en Jésus-Christ, pour aller s'établir seules, dans une ville, où elles devaient trouver à peine un toit pour s'abriter. Cependant elles n'avaient pas hésité, et persuadées que la volonté de Dieu les appelait à Tourcoing, elle se disposaient au départ. Aussi, les autorités de Tourcoing avaient-elles approuvé et loué la bonne et charitable volonté qu'elles avaient de servir et de s'établir en l'hôpital des pauvres chartrières.

« Mais il y avait plusieurs conditions difficiles à remplir, et d'abord, il fallait obtenir du provincial des Cordeliers la permission de se rendre à Tourcoing; ensuite elles devaient être déchargées de l'obéissance qu'elles avaient vouée aux Pères de Saint-François, et placées sous l'obéissance immédiate de l'évêque de Tournai; on exigeait aussi qu'elles fussent prêtes à adopter la clôture, lorsqu'on jugerait à propos de la leur imposer, et à réciter les heures canoniales. Animées du désir de procurer la plus grande gloire de Dieu, les saintes filles firent toutes les démarches qu'on demandait d'elles et consentirent à s'imposer les obligations auxquelles cependant ne les astreignait pas leur règle primitive. Quatre religieuses avaient été désignées pour fonder le nouveau couvent, c'étaient la mère Isabeau Du Bosquel, supérieure de Comines, et les sœurs Jeanne Geldof, Barbe Verdebrouck et Bernardine Mélis.

« En quittant leur ancien couvent, elles renoncèrent à tout ce qu'elles pouvaient y prétendre, et emmenant avec elles les meubles qu'elles s'étaient procurés à grand prix, elles arrivèrent à Tourcoing le 12 février 1630.

« L'Hôtel-Dieu de Tourcoing ne devait pas, à cette époque, présenter un aspect bien imposant, puisque tout l'édifice, d'une rustique architecture était construit en terre et en paille. Les bonnes religieuses avaient donc tout à créer. Elles ont consigné dans leurs registres qu'elles avaient « paty cette année beaucoup de contrariétés. »

« L'école ouverte par les sœurs comptait un mois après leur arrivée plus de trente jeunes élèves, animées du meilleur esprit et donnant les plus belles espérances. Déjà, l'affection des habitants était acquise aux bonnes religieuses. Une des quatre sœurs avait surtout contribué à donner une opinion favorable de la petite communauté, par les soins empressés qu'elle donnait aux pauvres gens dans leur maladie et par l'habilité dont elle faisait preuve dans ce ministère de charité.

« On donna aux religieuses l'administration des terres provenant de la fondation primitive. Elles s'engageaient de leur côté « *à nourrir, vestir, alimenter, soigner et nettoyer, tant saines que malades,* » les chartrières, au nombre de sept, nombre qui pourrait être augmenté, si les revenus venaient à s'accroître. En outre, elles étaient « *tenues et obligées de bien et diligemment instruire la jeunesse, et jeunes filles à lire, escrire, couldre et autrement, travailler en semblables exercices, et les endoctriner et toutes sortes de bonnes mœurs acquises pour leur bonne éducation.* » Telles étaient les promesses que faisaient devant Dieu les bonnes Franciscaines, et elle sont tenu fidèlement la parole qu'elles avaient donnée. On sait à Tourcoing que, pendant plus de trois siècles, leur exemple a été suivi, comme il l'est encore de nos jours, par celles que Dieu a appelées à leur succéder dans cette mission de bienfaisance.

« La vénérable mère prieure mourut en 1669, âgée de 80 ans; elle en avait passé 39 à Tourcoing, et avait gouverné la communauté plus de 30 ans. Son souvenir s'est conservé dans le couvent fondé par elle; outre sa pierre tumulaire qui se trouve dans l'église élevée par ses soins, on voit encore dans le cloître une jolie peinture sur verre représentant sainte Elisabeth de Hongrie avec cette inscription : Sœur Isabeau Du Bosquel, mère ancienne, 1665. La sœur Jeanne Geldof était morte en 1646. Les deux autres survécurent à leur digne supérieure; Barbe Verdebrouck mourut en 1671, et Bernardine Mélis en 1679; elle était âgée de 83 ans. »

On ne sait que fort peu de choses des Sœurs-Grises de Comines. La tradition locale nous apprend qu'outre la prière, elles s'occupaient du soin des femmes en démence, et de l'éducation des jeunes filles.

On voit dans le manuscrit de Jacques Legroux, qu'elles acceptèrent la clôture à la fin du XVIIe siècle ; et un registre de la ville de Comines constate qu'au XVIIIe siècle, elles avaient 1,600 livres de rente.

Les Franciscaines de Comines étaient sous la direction des Pères récollets qui possédaient une maison à côté de leur couvent. On ignore depuis quelle époque ces religieux étaient à Comines. Ils y prêchaient souvent dans l'église paroissiale, à Notre-Dame des Sept-Douleurs, à la chapelle de Sainte-Marguerite, à Houthem et autres lieux circonvoisins, et jouissaient d'une grande réputation de vertus et de prudence dans la direction des âmes. Ils avaient cinq confessionnaux ouverts à tout le monde dans la chapelle des Sœurs-Grises. Cette chapelle, qui remontait à l'époque de la fondation même du couvent, était fort belle, et possédait des orgues magnifiques. Elle renfermait des tableaux de grand prix, et entr'autres une descente de croix, de Rubens, placée dans le chœur. Ce tableau, resté assez longtemps à Comines après la révolution, se trouve maintenant, nous assure-t-on, au Musée de Lille.

Voici les noms des derniers Récollets : père Jean, père François, père Henri, père Van Hoitte.

D'après des relations très fidèles, et confirmées par les registres de la ville, deux pères capucins de Menin, venaient depuis longtemps prêcher et confesser les Flamands. Ils avaient un confessionnal dans l'église collégiale, et la ville leur donnait un traitement.

ARMES DE LA VILLE DE COMINES.

CHAPITRE XII.

Révolution française, de 1789 à 1801. — Constitution civile du clergé. — Les chanoines émigrés. — Belle conduite de M. Gosse, curé. — Les intrus Sta et Duviviers. — Vandalisme des révolutionnaires. — Courage et fermeté des Récollets, des Sœurs-Grises, des Augustines, des Dames de la pauvre école.— Zèle intrépide des missionnaires....

Dès le commencement du siècle dernier les principes irreligieux et anarchiques prêchés de toutes les manières, se propageaient d'une manière effrayante dans tous les rangs de la société. Les évêques, dans les assemblées du clergé ne cessaient d'en avertir les souverains, et s'efforçaient de prémunir leurs ouailles contre cette affreuse contagion. « Sire, disaient-ils en 1760, quels « désordres voyons-nous, et n'avons-nous pas à

« craindre ! . . . . la foi se perd , l'hérésie triomphe, et « l'incrédulité plus cruelle que l'hérésie profite de ces « divisions et gagne du terrain tous les jours... Arrêtez, « Sire, par votre protection les progrès de ces maux !...» Mais le mal avait déjà fait trop de progrès pour pouvoir être arrêté. Tout était en fermentation et les esprits se désunissaient de plus en plus. L'impunité et le libertinage se produisaient impunément au grand jour. Tout annonçait la révolution la plus étonnante qui fut jamais, et qui sous prétexte de réformer des abus, allait abolir la religion, renverser un trône de quatorze siècles, et couvrir la France pendant dix années de sang et de ruines.

Les états généraux assemblés en 1789 donnèrent le signal de ces effroyables bouleversements. Une constitution civile du clergé qui établissait légalement le schisme, fut proclamée. Le 2 novembre 1789, on décrétait la vente des biens ecclésiastiques jusqu'à concurrence de quatre cents millions. Un autre décret du 13 février 1790, abolit les ordres religieux et supprima la plus grande partie des couvents et les chapitres des collégiales. Celui de Saint-Pierre de Comines se trouva enveloppé dans la proscription générale, et les chanoines, ayant refusé de prêter serment à la constitution civile du clergé, allèrent en émigration. C'étaient MM. Lefebvre, doyen, Lepan, Desmarescaux, Vandermarcq, prévost, Gosse, curé. Aussitôt qu'ils se furent retirés on les dépouilla de tout ce qu'ils possédaient, dîmes, rentes, propriétés. Le chanoine Gosse fut le dernier qui suivit ses confrères dans l'exil. Malgré les menaces des révolutionnaires et le péril continuel auquel l'exposait son refus de faire le serment, il ne voulut point abandonner son troupeau au moment du danger. Mais malgré son courage et sa bonne volonté, il dut cependant céder à la fin devant la violence. Dans les derniers jours de l'année 1791, un dimanche, pendant que M. Gosse faisait l'eau bénite, avant la grand'messe, on vint lui annoncer qu'un prêtre assermenté, accompagné d'une troupe de soldats, arrivait aussitôt. Ce zélé pasteur monte en chaire et annonce lui-même à ses ouailles, l'arrivée du loup au milieu du troupeau. Il déclare que cet intrus n'a reçu aucune mission d'un supérieur légitime quelconque, et ajoute ces paroles en descendant de chaire : « Que ceux qui veulent me suivre quittent immédiatement le lieu saint qui va être souillé par la présence d'un prêtre schismatique. » L'allocution terminée, M. Gosse se rend à la sacristie, prend les ornements sacerdotaux et les vases sacrés, et, accompagné de ses deux vicaires, s'en va célébrer la sainte messe à Comines (Nord). Il sortait de l'église par le grand portail, lorsque M. Sta y entrait par le petit, précédé d'une musique guerrière et d'un détachement de cavalerie. L'église était déserte, presque tous les paroissiens avaient suivi le véritable pasteur, qui offrit ce jour là le saint sacrifice dans une grange, où se trouve aujourd'hui l'école communale de Comines (Belgique). Pendant quelque temps, le digne curé continua de donner ses soins à son peuple désolé; mais les temps devenant plus mauvais, il se retira en Allemagne, d'où étant revenu en 1802, il fut nommé vicaire général à Tournai.

L'intrus Sta ne resta que peu de temps à Comines, et fut obligé de quitter le poste qu'il avait si lâchement usurpé. A l'exception des révolutionnaires, il était rebuté et honni de tout le monde. Personne ne voulait recevoir de lui les sacrements, ni entretenir avec lui les moindres rapports. Après un séjour d'environ dix mois, il quitta la soutane et abandonna le bréviaire. Il mourut plus tard à Saint-Pol, receveur d'enregistrement.

Après Sta, vint à Comines le citoyen Duviviers, élu et proclamé curé de Comines par l'assemblée électorale du district de Lille, le samedi 20 octobre 1792. Il fut installé en cette qualité par le corps municipal de Comines le 11 novembre suivant.

Cet homme aux belles manières, à la parole facile, se distingua par son impiété et son impudent cynisme. D'abord, il employa les menaces et les violences pour forcer les habitants de se rendre à l'église; mais ses efforts furent inutiles. Il permit alors à un vieux chanoine de dire la messe, et les Cominois accoururent en foule; mais à peine le saint sacrifice était-il commencé, que Duviviers arrive et fait immédiatement fermer les portes. Montant aussitôt en chaire il dénonce les aristocrates, lit quelques passages de journaux qu'il tient en main, annonce les victoires des armées de la république, et condamne tous ceux qui ne sont point révolutionnaires. Cet indigne prêtre fit partie de la commission qui désignait les suspects, et on le vit danser autour de l'arbre de la liberté ayant sur la tête le bonnet républicain. Enfin, pour mettre le comble à sa honte et à son apostasie, il monta en chaire une dernière fois, et déclara qu'il abjurait pour toujours le sacerdoce et qu'il allait se marier. Ce misésable proféra dans cette circonstance des obscénités si révoltantes que beaucoup de gens honnêtes qui vivaient alors prétendaient que Duviviers, fils d'un perruquier de Paris, vint dans le Nord sans avoir jamais été ordonné, ainsi que ses deux vicaires, Hattez et Prévost, qui annoncèrent pareillement en chaire qu'ils renoncaient au sacerdoce!

Il est impossible de dire l'horreur qu'inspira aux habitants de Comines une pareille conduite. A partir de cette époque aucune personne, pour peu qu'elle eût conservé la foi, ne voulut entendre parler de prêtres jureurs.

On était arrivé aux plus tristes jours de la révolution. Le temple allait être fermé comme un bâtiment inutile.

C'est « l'an deuxième de la république au mois de ventôse qu'on dévaste entièrement l'église, on la dépave pour y placer la cavalerie, on fait ôter d'icelle le reste desdits autels, confessionnaux et autres boiseries, attendu qu'ils sont périssables et inutiles. Lesdites boiseries seront vendues au plus offrant, et l'argent que l'on en tirera sera versé dans telle caisse qu'il sera jugé convenir (1). »

Disons ici en peu de mots les objets principaux qui se trouvaient dans l'église à l'époque de sa dévastation.

Trois belles cloches (2) venant de l'abbaye de Loos, avaient été placées dans le clocher en 1791 pour rempla-

---

(1) Registre de l'Hôtel-de-Ville de Comines, folio 149.

(2) Id 112.

cer les anciennes. Un an après, le représentant de la force publique à Comines, ordonna de descendre la première et la troisième et quelque temps après, elles furent envoyées à Lille pour être converties en monnaie. On ne conserva qu'une seule cloche pour célébrer les fêtes républicaines. Beaucoup de tableaux très-anciens, qui couvraient les murs de l'église, furent lacérés ou volés, les statues des saints qui faisaient de l'église collégiale comme un vrai musée, furent vendues pour la plupart comme bois à brûler et chauffèrent les fours des boulangers. La statue de saint Chrysole en argent massif, et les quatre candélabres de même métal, qui se trouvaient à l'autel du chapitre furent volés et immédiatement convertis en lingots. Les nombreux *ex-voto* qui ornaient le sanctuaire devinrent la proie des révolutionnaires, et la canole de saint Chrysole, qui avait été conservée depuis tant de siècles, disparut dans ce désastre. La seule statue de bois du saint patron, que l'on possède encore aujourd'hui, fut sauvée par le courage d'une jeune fille dont le nom, Catherine Dautricourt est bien connu à Comines. Parmi tous les bustes de saints jetés pêle-mêle dans la cour de l'Hôtel-de-Ville, où cette jeune fille était servante, se trouvait celui de l'antique patron de Comines. Catherine l'ayant remarqué, fut assez adroite pour la retirer secrètement de ce lieu et la placer sous la paillasse de son lit, elle l'y laissa jusqu'en 1802 époque où elle le rendit à l'église.

Le coffret, renfermant les reliques de saint Chrysole, et le magnifique piédestal sur lequel on le place pendant la neuvaine du saint, n'échappèrent aux rapines sacriléges que parce qu'ils étaient cachés à l'hôpital dans des lieux tout-à-fait secrets.

Le buffet d'orgues fut le seul objet qui resta dans l'église ; après que les soldats eurent distribués les jeux aux enfants qui s'en amusèrent dans les rues.

Après cette dévastation, l'église servit d'écurie ou de magasin de fourrages. On la rouvrit encore quelquefois pour célébrer les fêtes de la république, comme celle de la *souveraineté du peuple*, *de la reconnaissance*, *de l'agriculture*, *des époux*, *de l'anniversaire de la juste punition du dernier roi des Français*. C'est alors qu'on éleva dans la chapelle de Sainte-Catherine un autel de la patrie, sur lequel fut fixé le symbole de la liberté, que remplaca bientôt une jeune fille devant laquelle on se prosternait !!! A quatorze siècles de distance on retournait à cette idolâtrie dont saint Chrysole était venu retirer nos ancêtres païens !... Toutes ces fêtes républicaines se terminaient d'ordinaire par des orgies où l'impiété et le libertinage se livraient à tous les excès les plus monstrueux.

Mais l'intolérance ou pour mieux dire l'impiété furieuse des révolutionnaires ne connaissait plus de bornes ; elle voulait enlever et détruire jusqu'aux moindres vestiges de la religion. Deux ouvriers couvreurs, appelés en l'an IV pour ôter toutes les figures et les croix de la *ci-devant église*, de la chapelle de l'hôpital, de la chapelle des Sœurs-Grises et autres chapelles, représentèrent que cette entreprise n'était pas sans danger. Sur le champ on menaça de les traduire au tribunal révolutionnaire, et force leur fut d'exécuter bien à regret ce qui leur était si impitoyablement commandé. Ils placèrent donc le hideux bonnet phrygien là où depuis la prédication de l'évangile dans le pays, apparaissait le signe auguste de notre rédemption.

L'année suivante, on ordonna d'abattre les images, les vierges et autres *hochets de superstition*, qui se trouvaient sur les maisons et les voies publiques, sous peine d'être poursuivi selon la rigueur des lois.

Dans ces jours où l'on parlait sans cesse de liberté et d'indépendance, les familles religieuses étaient exposées à toutes les rigueurs du despotisme. On pénétrait jusque dans les maisons, et la présence de quelques objets pieux, comme un crucifix, une simple image, un livre de prières constituait un crime de lèse-nation. Il existait à Comines, dès l'année 1792 une commission révolutionnaire chargée de constater les délits d'incivisme. Elle avait pour président un moine défroqué qui paraissait infatigable dans ses poursuites. Ce misérable apostat était devenu la terreur des missionnaires qu'il recherchait avec une impitoyable fureur. Les gens de la campagne le regardaient comme un véritable sorcier, qui devinait d'un seul regard si l'on était républicain ou non. Ce fut lui qui démolit en partie le bâtiment des Sœurs-Grises.

La religion eut à pleurer sur tant d'abominations et à gémir des scandales que donnèrent quelques-uns de ses ministres; mais elle put se glorifier à bien juste titre pour le courage et la fermeté des chanoines et du curé de Comines. Quels beaux et nobles sentiments elle inspira aussi aux Récollets, aux Sœurs-Grises, aux Augustines de l'hôpital de Notre-Dame, et à tous les missionnaires qui montrèrent pendant cette terrible persécution, une foi inébranlable et un zèle héroïque.

Les Récollets, religieux paisibles et pauvres qui joignaient à la prédication de la parole évangélique, l'exemple des plus touchantes vertus, furent chassés de leur maison qu'on vendit presque aussitôt. On ne leur laissa pas même leur modeste mobilier, ni leurs vêtements qu'on mit à l'encan. Ainsi dépouillés de tout, ils durent à la charité de M. Martin-Hovyn, le logement et la nourriture indispensables, jusqu'au moment où contraints de s'exiler, ils allèrent tous cinq expier en Allemagne le crime d'être attachés par vœu au service de Dieu et du prochain.

Au commencement de l'année 1792 les citoyens Duhem, Delmaes et Davoust, députés à l'assemblée nationale, se rendirent au couvent des sœurs grises, et leur commandèrent de quitter immédiatement leurs habits religieux pour prendre des vêtements séculiers (1). Cet ordre ne fut guère observé. Le 27 juin 1793 elles comparurent devant la commission révolutionnaire de Comines, pour prêter le serment exigé par la loi ; mais toutes le refusèrent courageusement.

Rapportons ici les procès-verbaux qui ont été conservés à l'Hôtel-de-Ville. Après avoir cité la loi qui oblige toutes les religieuses à prêter devant la municipalité de leur domicile, « le serment d'être fidèle à la république une et indivisible, et de maintenir de tout son pouvoir la liberté et l'égalité, » le maire et les officiers municipaux

(1) Registre de l'Hôtel-de-Ville, p. 127.

de Comines font comparaître devant eux les religieuses Sœurs Grises, chacune en particulier, pour s'assurer si elles veulent ou non se soumettre à la loi et prêter le serment requis. Ce fait, est comparue sœur Delphine Cottigny, supérieure dudit couvent des Sœurs-Grises, âgée de 68 ans, laquelle a déclaré de se refuser à faire le serment prescrit; sœur Cunégonde Antoine, âgée de 66 ans; sœur Rosalie Luttun, âgée de 68 ans; sœur Anne-Dominique-Joseph Hutin, âgée de 60 ans; sœur Alexandrine Meurillon, âgée de 60 ans; sœur Augustine Delrue, âgée de 61 ans; sœur Jeanne-Claire Debroux, âgée de 50 ans; sœur Agnès Cuvelier, âgée de 57 ans; sœur Isabelle Vue, âgée de 53 ans; sœur Catherine-Rose Facon, âgée de 54 ans; sœur Chrysoline Delbecque, âgée de 45 ans; sœur Archange Verquins, âgée de 54 ans; sœur Anne-Catherine-Joseph Gruson, âgée de 42 ans; sœur Marie-Thérèse Schoutteten, âgée de 30 ans; sœur Catherine-Joseph Houset, âgée de 29 ans; » toutes, au nombre de quatorze, imitèrent leur vénérable supérieure et refusèrent de prêter le serment demandé. Déjà à cette époque, cinq autres religieuses s'étaient retirées dans des communautés en pays étrangers; ce sont Marie-Michel Louvet, Florence Delhaye, Albertine Lallin, Justine Lesaffre et Anne-Marie Lemahieu.

Rien de plus révoltant, au dire des témoins oculaires, que l'expulsion de ces pauvres religieuses. Non contents de s'être emparés de leur couvent, d'avoir saisis leurs biens, dévasté leur église, volé ou détruit tous les objets précieux, les révolutionnaires chassèrent impitoyablement ces saintes filles et les forcèrent de se disperser de tous côtés. Celles que l'âge ou les infirmités retenaient au lit, furent placées sur des chaises et déposées au milieu de la rue. Une de ces religieuses qui avait un mal affreux dont elle mourut quelque mois après, fut recueillie par un bon chrétien, du nom de Capelle, qui la conduisit dans sa maison en bravant les sarcasmes des sans-culottes pour qui la pitié était un crime. Plusieurs religieuses moururent dans l'exil, quelques autres reçurent une pension minime du gouvernement quand les temps furent un peu plus tranquilles.

Il ne reste plus des Sœurs-Grises que le souvenir de leurs vertus, et quelques pierres tumulaires qu'on retrouve çà et là dispersées (1).

Les religieuses hospitalières de l'ordre de Saint-Augustin ne furent pas mieux traitées que leurs consœurs. Elles comparurent aussi devant la commission révolutionnaire et y montrèrent le même courage et la même fermeté.

« Sœur Marie-Anne Farvarque, âgée de 68 ans, supérieure de la communauté, a refusé de prêter le serment requis, vu que sa conscience ne lui permet pas de le faire; sœur Marie-Catherine Cuvelier, âgée de 36 ans; sœur Marie-Albertine Chuffart, âgée de 33 ans; sœur Marie-Christine de la Coeuillerie, âgée de 27 ans; sœur

(1) Nous espérons que bientôt ces quelques pierres seront placées dans l'église, dans un lieu honorable.

Henriette Debuchy, âgée de 30 ans, donnent la même réponse que leur supérieure. La sœur Amélie Cardon ne comparaît pas à cause de sa vieillesse et débilité d'esprit, elle était âgée de 84 ans (1). »

On ne trouve point ici le nom de la sœur Augustine, qui avait apparemment déjà quitté la communauté lorsque la loi ne reconnut plus de vœux. Cette demoiselle de Douai avait été amenée au couvent par ses parents à l'âge de 16 ans, et n'avait jamais montré que peu de dispositions pour la vie religieuse. Dans la suite, elle épousa un républicain bien connu.

L'hôpital des Augustines fut conservé, la chapelle seule fut démeublée en partie. On regarde comme extraordinaire qu'une armoire remplie d'argenteries et de porcelaines y fut conservée.

D'ignobles servantes, choisies par les municipaux qui n'exigaient d'elles que des qualités civiques, remplacèrent les religieuses, elles se conduisirent en vraies Jacobines, et méritèrent d'être chassées comme indignes en 1802 par M. Lambin, premier magistrat du lieu. Les religieuses rentrèrent à la même époque dans leur couvent, elles n'étaient plus qu'au nombre de trois. Sœur Christine de la Coeuillerie était morte dans l'exil, et sœur Henriette Debuchy, arrêtée à Ypres par les soldats français, avait été conduite à Arras, ou après avoir subi un jugement,

(1) Registre de l'Hôtel-de-Ville, p. 136.

elle avait été guillotinée sur la place. On raconte qu'elle marcha au martyre avec un courage digne des chrétiennes des premiers siècles.

Une autre victime de la révolution à Comines fut M. Nys, moine de l'abbaye de Cysoing, réfugié à Tenbrielen. Appelé auprès d'une sœur grise qui était sur le point de mourir, ce religieux se mit en devoir de braver tous les dangers pour exercer son ministère de charité. Malgré son déguisement, il fut arrêté à Comines par un Jacobin, puis conduit à Lille devant le tribunal exécutif où on le condamna à mort. Dieu, pour récompenser le dévouement et la charité de son serviteur, lui procura les consolations de la religion, qu'au péril de sa vie il avait cherché à donner à d'autres. « M. Louis-Adrien Détrez venait d'ap-
« prendre que M. Nys était condamné à la guillotine (1),
« le cœur de l'homme de Dieu s'émeut à la pensée de
« laisser mourir un confrère sans les secours de la reli-
« gion, il se résout à s'introduire, à tout prix, auprès
« du prisonnier. Un plan est concerté avec une personne
« charitable qui l'aidait ordinairement dans ses pieuses
« hardiesses ; celle-ci obtient du directeur de la prison
« de faire porter au prisonnier du bois de chauffage ;
« c'était en hiver. Pendant qu'elle cause avec le geolier,
« et caresse ses enfants, notre missionnaire, déguisé en

(1) Biographie des prêtres du diocèse de Cambrai morts depuis 1800, p. 236.

« portefaix, le dos chargé de lourdes bûches, arrive près « du condamné, reçoit sa confession, et le nourrit du « pain des forts. Quelques jours après, l'abbé Nys montait « à l'échafaud avec une angélique résignation. C'est le « seul prêtre que la ville de Lille ait vu mettre à mort « par la hâche révolutionnaire. M. Détrez hérita du bré- « viaire de ce martyr de la foi, et il conservait ce livre « comme une précieuse relique. »

Malgré les fureurs de la persécution, quelques prêtres intrépides bravant les périls venaient de la Belgique exercer leur ministère à Comines (France). On cite parmi eux, M. Deltour, ancien vicaire de M. Gosse et curé à Tenbrielen. Un jour, il fut poursuivi et arrêté par les soldats et les Jacobins qui le conduisirent à l'Hôtel-de-Ville, et se préparaient à l'envoyer à Lille pour lui faire éprouver le même sort qu'à M. Nys, lorsque les habitants de Tenbrielen vinrent réclamer leur curé. Les soldats consentirent à le leur remettre moyennant six vaches qu'ils exigeaient pour sa rançon. Une heure plus tard M. Deltour rentrait dans la paroisse qu'il devait quitter pour toujours quelques semaines après.

Ce fut pendant cette terrible année, 1793, que l'on dévasta et démolit la belle chapelle de Notre-Dame-des-Sept-Douleurs, bâtie à l'occasion de la peste de 1646. Elle avait un revenu suffisant pour l'entretien d'un chapelain dont la maison se trouvait en face. Ce revenu fut volé, la maison du chapelain entièrement dépouillée et l'emplacement de la chapelle vendu.

La chapelle de Notre-Dame-d'Espérance, à l'extrémité de la nouvelle rue, fut aussi démeublée et détruite. Celle de Notre-Dame-de-Grâce, en face du chemin du Hallot, et où l'on célébrait la messe tous les jours, fut pareillement renversée.

La chapelle du hameau de Sainte-Marguerite, qui était grande et bien boisée, fut dévastée en 1792 et démolie en 1794 (1).

Les troupes républicaines venues à cette même époque dans le pays, achevèrent la destruction de la pauvre école, après avoir chassé les dames et dispersé les pauvres orphelines.

Tous les monuments élevés à Comines par la piété et la bienfaisance des siècles passés avaient été détruits. Les religieux et religieuses étaient dispersés, les prêtres catholiques morts ou exilés, les assermentés eux-mêmes inquiétés à leur tour, étaient obligés de fuir pour éviter la persécution. Les révolutionnaires, à qui l'on avait dit si souvent : « Osez tout contre le clergé, vous serez soutenus, » comprenaient parfaitement cet ordre et avaient employé les moyens les plus iniques et les plus violents pour détruire l'antique foi implantée dans ces

---

(1) Les boiseries de cette chapelle se trouvent actuellement dans a sacristie de Notre-Dame à Tourcoing. Cette chapelle, bâtie en 1606, remplaçait celle qui était autrefois située près de la ferme du Clocotel. Un prêtre de Comines y disait la messe tous les jours, le dimanche excepté.

Le hameau de Sainte-Marguerite, le plus considérable de la commune, possède aujourd'hui une bonne école dirigée par M. François Parent.

contrées par saint Chrysole. Selon les prévisions humaines l'église devait succomber dans cette lutte terrible contre toutes les puissances de l'enfer. Mais la foi restera victorieuse, et la Providence sut multiplier sur cette terre bénie de Comines, des dignes missionnaires qui y conservèrent le feu sacré.

Au commencement de la révolution, la partie Autrichienne appelée aujourd'hui Comines-Belgique, offrait un asile aux prêtres et aux émigrés. Ce pays avait conservé sa liberté religieuse; aussi, les habitants de Comines-France allaient-ils à la messe, le dimanche à Comines-Nord. Toutefois, ce n'était pas sans essuyer toutes sortes de vexations de la part des Jacobins et des soldats républicains qui gardaient les postes. Mais à peine les armées de la république eurent-elles franchi la Lys, que la persécution s'exerca en Belgique avec autant de fureur que dans la France même. Les prêtres, les religieux, les émigrés s'enfuirent alors et allèrent chercher l'hospitalité en Angleterre ou en Allemagne.

En 1796, il y eut comme un faible commencement de tranquilité. L'autorité ecclésiastique de Tournay en profita pour nommer curé de l'église de Comines, M. Nollet, à qui elle adjoignit deux vicaires, MM. Leclerq et Duriez. Ce calme ne fut que très-passager. Bientôt, ce ne fut plus qu'à la faveur de la nuit que ces vénérables prêtres purent exercer leur ministère de charité, et célébrer les divins mystères.

Le nouveau pasteur avait un grand soin de ses malades; il les visitait souvent malgré les dangers qui l'environnaient de toutes parts, il les consolait, leur montrait le ciel comme le terme heureux de cette vie si pénible, et ne cessait d'exhorter tous les fidèles à demeurer fermes dans la foi. Arrêté un jour dans l'exercice même de ses fonctions, il fut enfermé dans la prison de l'Hôtel-de-Ville, mais il parvint à s'évader avec le secours d'un homme de bien appelé Montaigne.

M. Duriez, qui montrait un égal courage, rendit aussi d'éminents services à Comines. Il recommandait instamment au peuple de ne jamais reconnaître les prêtres assermentés ; leur déclarait que si jamais il avait le malheur de prêter ce serment sacrilége, ils devaient le rejeter du milieu d'eux. Le prêtre catholique eut cependant cette faiblesse, mais il la répara dignement. Arrêté par ses ennemis, au moment où il s'y attendait le moins; il fut conduit devant la municipalité, où sa bouche laissa échapper un mot dont il se repentit toute sa vie. Quelque temps après on l'arrèta malgré son serment, au moment où il exerçait son ministère près d'un malade, et on le mit en prison à Douai d'où il ne sortit qu'en 1801.

M. Leclercq, plus heureux que son confrère, prenait un soin extrême d'éviter tous les piéges qu'on lui tendait. Connu des bons catholiques, il pénétrait partout et semblait être partout à la fois. Il entrait même jusque dans la demeure des plus forcenés républicains, et ce fut lui qui convertit le fameux révolulutionnaire Chaufourrier.

Ce Chaufourrier, qui dénonçait les suspects et qui s'était rendu par la violence dans le pays, la terreur de tous les gens de bien, fit un jour une chute de cheval près du *Christ* de Wervicq. Traîné par l'animal jusqu'à sa propre maison, il était sur le point d'expirer, lorsque M. Liévin-Hovyn accourut près de lui et lui parla de religion. Le révolutionnaire devenu aussi docile qu'il était auparavant intraitable et méchant, demanda avec instance un prêtre réfractaire; ce fut alors que M. Leclercq habillé en charpentier arriva auprès du malade repentant, lui administra les sacrements de l'église et reçut son dernier soupir.

Le curé légal ou constitutionnel de Comines à cette époque était un certain Duhem, que les Cominois ne connaissaient que sous le nom de *rouge maronne.* Ce mot indique assez la considération dont jouissaient dans cette ville les prêtres jureurs. M. Lambin le fit descendre des degrés de l'autel et le chassa de l'église. Après Duhem, arriva le jureur Sarrazin qui quitta pareillement Comines après quelques mois.

De 1792 à 1794, quand la convention exerçait ses plus implacables rigueurs, on ne se rappelle pas qu'aucun missionnaire ait paru dans Comines ou à la campagne.

La police était faite alors par tant d'individus et avec tant de soins que tout prêtre catholique eut été presque infailliblement découvert, poursuivi et conduit immédiatement à la guillotine. Mais les bons catholiques eurent souvent recours à un prêtre, qui se tenait caché à Wervicq, et dont nous aurions été heureux de faire connaître le nom. Chacun avait son mot d'ordre pour pénétrer auprès de lui.

Les premiers missionnaires qui parurent à la campagne vers 1794 furent M. Décarnin. Il se tenait souvent à *Sainte-Marguerite*, chez Jean-Baptiste Vermès, mais sa véritable maison hospitalière était la demeure de M.me

De Reu, à Comines-Nord ; plusieurs fois il fut pris, mais toujours il parvint à se dégager des mains de ses ennemis; M. Brédart qui échappa souvent à la mort, grâce à son agilité, osa un jour, sous un costume de cabaretier, passer au milieu des démocrates pour porter les derniers sacrements à une pauvre femme qui se mourait. Dans une autre circonstance, sous le costume d'un mendiant, après avoir fait de grands détours de chemin, il alla au hameau du *Blanc-Coulon* donner les dernières consolations de la religion, à M Goeman qui manifesta une joie indicible en voyant qu'il recevait les sacrements d'un prêtre fidèle à Dieu et à sa conscience. M. Lefranc, souvent accompagné de Philippe Flament, justifia bien son nom par son audace. M. Bonduelle, battu et accablé de coups à Quesnoy, faillit une autre fois, être surpris au moment où il disait la messe; averti à temps que des révolutionnaires approchaient, il acheva promptement le saint sacrifice, puis se revêtant d'habits d'ouvriers de lin, il alla causer avec les gendarmes qui le cherchaient. Tous ces missionnaires disaient ordinairement la messe à minuit, tantôt dans une maison, tantôt dans une autre, à Comines et dans les villages voisins comme Linselles, Bondues, Bousbecques et autres villages des environs. Le premier qui fut permanant à la campagne, vers 1795 s'appelait Dubois, mais n'était connu que sous le nom de *mon oncle*. Son compagnon, M. Leclercq, dont il a été parlé plus haut, était appelé *mon cousin*. Ce serait un récit aussi long qu'édifiant de rapporter tout ce que la foi et la charité inspirèrent à ces hommes vraiment apostoliques, pour fortifier leurs frères dans la foi, au milieu de la persécution. Pendant ces cinq années, quel dévouement ne témoignèrent-ils pas aux religieux habitants de Comines en particulier.

Citons encore M. Cuvelier qui se tenait au *Blanc-Coulon*, et pendant trois mois y demeura caché dans une pauvre chaumière. Ce n'était que pendant les plus mauvaises nuits qu'il allait porter les secours de la religion aux malades, baptiser, marier ou célébrer la sainte messe. Confessant un jour un malade à l'hôpital de Comines, il faillit être pris par l'infâme Duviviers, et n'échappa aux poursuites du jureur qu'en se cachant dans un lieu d'aisance.

C'est encore au *Longchamp* qu'apparurent MM. Butin, Lahousse, Herrengt. Ce dernier fut arrêté à Deûlemont dans une ferme où il disait la messe.

M. Dujardin, qui devint curé de Comines-Nord, parcourut aussi le village de Comines-France et s'exposa plus d'une fois à être victime de son zèle. Enfin, le dernier missionnaire qui fortifia le peuple dans la foi, et administra les sacrements sous un déguisement, fut M. Rouzé. On était à l'époque du consulat. Ces deux derniers missionnaires osèrent dire la messe en plein jour, à des heures régulières et en public. Les habitants des hameaux, aristocrates et démocrates arrivaient en foule pour assister au saint sacrifice. A la ville même, vers la fin de 1800, la messe était publiquement célébrée dans des granges. Tels étaient les préliminaires de la paix qui allait bientôt être rendue à l'église.

CHAPITRE XIII.

1800 à 1854. — Concordat de 1801. — Culte rétabli à Comines.— M. Chastenet, M. Deleruyelle, M. Choisy. — Paroisse de Comines-Nord. — M. Dujardin, M. Gruson, M. Tillieu —Construction de l'église en 1825.— Maison des religieuses dites de Saint-Jean-Baptiste. — Ecole dominicale — Tenbrielen.— M. Reniez, premier doyen de la paroisse de Comines.—Restauration de l'église. — Établissements des sœurs de l'Enfant-Jésus, des frères — Jubilés. — La statue de saint Chrysole à la procession de Notre-Dame de la Treille à Lille.—Conclusion.

Bonaparte revenu du fond de l'Egypte, à travers mille obstacles, apparaissait comme le héros qui, après s'être couvert de gloire sur les champs de bataille, devait rétablir le calme à l'intérieur, et relever en France les autels catholiques. Parvenu au consulat, il méditait la réconciliation de l'état avec l'église. Ses idées sur la constitution des sociétés, ses propres croyances, ses souvenirs d'enfance, toujours si puissants sur le cœur de l'homme, tout lui inspirait la résolution d'obtempérer au désir de la plus grande partie de la nation française et de satisfaire au besoin moral des âmes. Il conclut avec le souverain pontife Pie VII le concordat qui rétablissait les anciennes relations de l'église de France avec le Saint-Siége. 15 juillet 1801.

En vertu de ce concordat, le nombre et la circonscription des évêchés furent modifiés. Comines, qui depuis l'établissement du christianisme avait appartenu au diocèse de Tournai, fit désormais partie de celui de Cambrai pour la partie française.

Le concordat fut publié avec une grande pompe à Paris, le 18 avril 1802. Ce fut le jour de l'Ascension de la même année, que le culte catholique fut officiellement rétabli à Comines. Dès le matin, la vieille église fut remplie de fidèles, heureux de voir enfin les autels relevés après avoir gémi si longtemps sur l'abolition des exercices du culte. On voyait des larmes de joie et de bonheur.

Mais hélas! que de scandales à réparer! que de ruines à relever!... que de plaies à cicatriser!... Ce ne fut qu'alors qu'on put apprécier les maux immenses qu'avait causés cette longue et épouvantable révolution.

Plusieurs missionnaires ou prêtres émigrés se trouvaient à Comines lorsque le culte fut rétabli. C'étaient MM. Lewille, Décarnin, Dujardin, Cuvelier, Dubois, Leclercq, Lefranc et d'autres, la plupart d'entre-eux s'attachèrent au diocèse de Tournai.

M. Duriez sorti de la prison de Douai en 1801, revint exercer son ministère à Comines, et prit dans les actes qu'il signait le titre de pasteur de Comines. Confirmé dans sa charge en 1802 par Monseigneur Belmas, on lui donna pour successeur, le 23 février 1803, M. Chastenet qui fut curé en titre de Comines.

Le nouveau pasteur, qui s'était aussi distingué par son zèle pendant la révolution, fit un bien immense dans sa paroisse où il laissa une grande réputation de sainteté. Il fut ravi à l'affection de ses ouailles, dans le courant de l'année 1805. Voici son épitaphe qui résume tout ce que l'on pourrait dire de ce saint prêtre.

A la mémoire de M. François-Joseph Chastenet, natif de Lille, pasteur de cette église l'espace de deux ans et quatre mois. Son attachement à notre sainte religion et aux fonctions sublimes de son état l'ont montré au monde, aux anges et aux hommes comme un ouvrier irréprochable, comme un sage dispensateur de la parole de la vérité. Consolateur, et en quelque sorte trésorier des pauvres, ses bienfaits égalèrent son amour pour eux. Ses forces l'abandonnant, mais non pas son courage, il reçut les sacrements avec une vive piété, et victime de son attachement pour ses ouailles, il termina une vie pleine de mérites par une mort édifiante, à l'âge de 44 ans.

M. Auguste Deleruyelle, qui succéda à M. Chastenet le 30 juin 1805, fit réparer l'église, et institua la société des Dames de Charité. Il ne resta à Comines que trois années, et fut de là transféré à Lille où il mourut grand-doyen de Saint-Maurice en 1847. M. Deleruyelle eut pour successeur, M. Cyr-Louis-Marie Choisy, qui, pendant la révolution avait exercé son apostolat dans les environs de Lille, de Tourcoing, et de Roubaix. Dans cette dernière ville, il échappa comme par miracle aux perquisitions des Jacobins, en se cachant précipitamment derrière un trumeau. M. Choisy édifia ses paroissiens, l'espace de vingt années, par ses vertus et sa touchante éloquence. Il régularisa la société des Dames de Charité instituée par son prédécesseur pour visiter et soigner les pauvres malades. Rosalie Castelain qui se distinguait par sa piété, sa libéralité et son amour des pauvres fut nommée supérieure. Elle devait avoir pour successeurs, M.elle Piérard, morte en 1848, M.elle Sophie Hovyn, M.elle Henriette Marcotte. Le dévouement de ces pieuses demoiselles est trop connu à Comines pour qu'il soit nécessaire de le rappeler ici. M Choisy mourut le 16 avril 1828 à l'âge de 68 ans. (1)

A partir du concordat, la partie belge de Comines (2) forma deux paroisses, Comines-Nord et Tenbrielen. Elles furent soumises à la juridiction de l'évêque de Gand, et plus tard, de l'évêque de Bruges, lors de la création de ce nouveau diocèse en 1833. Disons quelques mots de ces deux paroisses.

Le premier curé de Comines-Nord a été M. Dujardin

---

(1) Du temps de M. Choisy, Mademoiselle Piérard fit paver en marbre le haut et le bas chœur de l'église.

(2) Comines (nord) eut une administration distincte de Comines (sud), en 1792. A. M. A. J. Lauwick, succéda en qualité de Maire, en 1804, M. Jean van Elslande. Il prit le titre de Bourgmestre en 1815 et eut pour successeur en cette qualité, en 1820, M. Demade-Vandewynckele, chevalier de l'ordre de Léopold.

dont on a déjà parlé plus haut; il y mourut en 1812. M. Gruson, son vicaire, lui succéda et édifia sa paroisse pendant dix années. Il mourut en 1822.

A M. Gruson succéda M. Jean-Baptiste Tillieu, né à Tieghem en 1786. Homme de foi et de zèle; il se dépensa tout entier pour la gloire de Dieu et le salut des âmes; et l'on peut dire qu'il fit des prodiges.

Comines-Belgique n'avait qu'une misérable église couverte de chaume, et les ressources lui manquaient pour en construire une plus convenable. Aidé du secours de Dieu et après toutes sortes de démarches, il vint à bout d'élever une belle église en rapport avec les besoins d'une paroisse assez importante. Commencée en 1825, elle fut terminée en 1827, à l'admiration de tout le monde et à la grande joie des paroissiens.

La sollicitude du vénérable curé se portait toujours sur l'enfance et la vieillesse dénuées de secours; il ouvrit, pour l'une une école, et pour l'autre un asile. C'est aussi dans le même but qu'il établit en 1834 des religieuses sous une règle dite de Saint-Jean-Baptiste. Cette règle fut approuvée par l'autorité diocésaine, et l'existence légale de cette congrégation fut reconnue par le gouvernement belge. Six religieuses consacrent maintenant tous leurs instants à l'éducation des enfants, au nombre de 160 et au soin des pauvres vieillards des deux sexes. Elles reçoivent aussi les pauvres malades et les infirmes, dont le nombre s'élève actuellement (1855) à 27.

C'est encore en faveur des enfants pauvres que M. Tillieu bâtit l'école dominicale où, grâce au dévouement de personnes charitables de Comines-Belgique et de Comines-

France, des ouvriers et des ouvrières reçoivent les premiers éléments de la lecture et de l'écriture.

Il serait trop long de rapporter tous les traits de générosité de M. Tillieu. Un dernier mot fera tout son éloge : il vécut pauvre et mourut pauvre, regretté et pleuré de tous ses paroissiens (27 octobre 1852). Un magnifique monument dû à la gratitude de la paroisse et des habitants de Comines-France lui fut élevé dans le cimetière à la place qu'il avait lui-même choisie. Sa mémoire sera longtemps gravée dans tous les cœurs.

La chapelle Tenbrielen située à une demi-lieue de Comines-Nord avait été élevée en 1357 par les fidèles de ce hameau. Placée sous l'invocation de saint Éloi, elle fut desservie par un vicaire de Comines jusqu'à la révolution, époque où elle devint paroisse. M. Deltour est le premier qui ait eu le titre de curé. M. Renard vint après et exerça son ministère de 1800 à 1832. M. Deputte de 1832 à 1853.

Depuis le concordat, les curés de Comines, aidés de leurs vicaires, avaient fait tout ce qui était en leur pouvoir pour réparer les maux causés à la religion. Peu à peu, ils réveillèrent les sentiments de foi qui s'étaient affaiblis ou même perdus dans le cœur d'un certain nombre de Cominois. Il n'est aucun de ces vénérables prêtres dont la mémoire ne soit en bénédiction dans la ville.

L'ancienne collégiale de Saint-Pierre qui a perdu son titre en perdant son chapitre, n'est désormais reconnue que sous le nom de Saint-Chrysole, son premier fondateur. Cette église va presque retrouver son antique splendeur.

M. Pierre-Cornille Reniez, naquit à Craywick, le 29 décembre 1793. D'abord vicaire à Gravelines en 1817, puis curé à Oxelaere en 1824, et à Nieppe en 1827, il fut enfin nommé à Comines, décanat de Quesnoy-sur-Deûle, et installé le 5 mai 1828. Si un sentiment que tout le monde saura apprécier nous empêche de parler des vertus privées et si généralement reconnues du digne doyen, du moins, rien ne nous défend d'énumérer les œuvres qu'il a entreprises jusqu'à ce jour pour procurer la gloire de Dieu et le plus grand bien spirituel et corporel de ses chers paroissiens.

Par ses soins, la partie de l'église, depuis la tour jusqu'au chœur fut entièrement restaurée en 1842. Une belle chaire de vérité remplaça le disgracieux ambon dont les montées se trouvaient dans l'intérieur d'un des pilastres de la tour. Tout le chœur fut pareillement renouvelé à grands frais, et enrichi d'objets précieux; le grand missel garni d'argent, le magnifique ostensoir avec ses nombreux diamants, l'énorme lampe d'argent, sans contredit l'une des plus belles du diocèse. Nous ne parlons pas des autres pièces d'argenterie, ni des nappes damassées qui couvrent les autels, ni de la lingerie si riche et si soignée, ni des nombreux ornements sacerdotaux que M. Reniez a achetés sans le secours de la fabrique.

Mais si le zélé curé de Comines s'occupait de l'arrangement et de l'ornementation de l'église, ses pensées et ses soins s'appliquaient surtout à orner et à enrichir les temples vivants du Saint-Esprit. Par des instructions et des catéchismes fréquents, il formait les âmes à la vertu. C'est dans ce même but, qu'en 1837, il fonda l'établissement des sœurs de l'Enfant-Jésus (1) pour l'éducation des jeunes filles et le soin des vieillards de l'un et de l'autre sexe. Ces religieuses, si utiles à la religion et à la société, était destinées à remplacer les anciennes Sœurs-Grises et les dames de la pauvre école. Elles sont présentement sept sœurs; l'une d'elles soigne les vieillards au nombre de 30 (2),

(1) La Congrégation des Filles de l'Enfant-Jésus doit son origine à M. l'abbé Détrez, aumônier de la maison de détention à l'ancienne abbaye de Loos. (Voir sa vie dans la biographie des prêtres du diocèse de Cambrai). Ce saint prêtre avait fait bâtir à Loos, une maison pour y recevoir des orphelines. Une pauvre servante, nommée Natalie, prenait soin de ces infortunées. Dieu donna sa bénédiction à la bonne œuvre qui prit de rapides accroissements. De pieuses filles se joignirent à Natalie. Une seconde maison fut fondée à Lille. Natalie en eut la direction. Bientôt elle embrassa la vie religieuse, prit l'habit, et devint la première supérieure des filles de l'Enfant-Jésus. C'est sous ce titre que la communauté de Lille se constitua en 1824. L'œuvre prospérait, quand M. Détrez mourut à Loos, le 8 août 1832, dans la même maison des orphelines. Plus tard, vers 1845, les filles de l'Enfant-Jésus formèrent une Congrégation dont la sœur Natalie, dite sœur de Jésus, (Natalie-Joseph Doignies, née à Moncheaux, le 2 août 1778), est regardée comme la fondatrice. La Congrégation compte aujourd'hui 410 religieuses et dessert 66 maisons, telles que hospices, hôpitaux, maison d'aliénées, maison d'éducation, etc. (*Notices biographiques du P. Pruvost.*)

(2) Il serait à désirer que les personnes riches et charitables fissent quelques dons considérables au Gheesthuys, afin de lui donner les développements que réclament actuellement les besoins des pauvres vieillards de Comines. On sait avec quel dévouement et quelle charité M. Marcotte-Ghesquières s'occupe de cette maison.

une autre fait la classe d'asile à 150 enfants. Les cinq autres s'appliquent avec un zèle admirable à l'instruction de 400 jeunes filles qu'elles préparent à être un jour dans le monde la consolation de l'église et de leurs familles. Tout le monde s'accorde à reconnaître que les religieuses de l'Enfant-Jésus ont fait un immense bien à Comines depuis leur arrivée.

Sous la salutaire influence du pasteur, les religieuses Augustines de l'hôpital rivalisent de zèle avec leur consœurs dans les soins empressés et assidus qu'elles donnent aux pauvres malades. On sait que cette maison, depuis le concordat, est gouvernée par une administration civile, qui témoigne, par ses déférences et son respect pour les sœurs, combien elle sait apprécier leur dévouement et leurs services. Il n'y a plus aujourd'hui que quatre sœurs pour 48 malades.

Voici leurs noms. Sœur Marie-Elisabeth Védastine Plait, dame prieure, sœur Monique Ghesquière, sœur Henriette Leduc, sœur Elisabeth Membré.

Cette maison, qui recevait et formait autrefois ses sujets, comme nous l'avons dit plus haut, est maintenant agrégée à la maison-mère des Augustines de Cambrai.

En l'année 1843, les frères de Sion, connus aujourd'hui sous le nom de frères de Vezelise, sont appelés à Comines par l'entremise de M. Reniez. Ils ont maintenant 200 élèves, et tiennent une classe particulière pour les enfants qui travaillent dans les manufactures. De bons élèves sont sortis de cette école qui ne fera qu'augmenter à mesure que ses maîtres seront mieux connus.

Mais, hâtons-nous de le dire, M. Reniez fut toujours

secondé par l'administration municipale, et surtout par son digne chef, M. Lambin Cot d'Ordan, maire de Comines depuis 1821 (1), avec lequel il est en rapports de con-

(1) Avant la révolution de 1789, les Bourgmestres et Maires étaient nommés par les Souverains, ou par les Seigneurs particuliers

On peut voir par la liste suivante les noms des Bourgmestres et Maires, ainsi que ceux des Baillis, des Seigneurs de Comines, depuis l'année 1719.

Frédéric Becuwe, nommé Bourgmestre, en 1719, par M. le Grand-Bailli de la Basecque ; M. Etienne de Reu, en 1759, par M. Pierre De Wazières, Grand-Bailli; M. Jean-Baptiste-Dominique Ghesquière, en 1761, par le même M. Pierre de Wazières ; M. Antoine-Joseph Podevin, en 1787, par M. Désiré-François-Dominique, Comte D'Eliot; M. Antoine-Joseph Ghesquière, en 1789, par M. Emmanuel-Gabriel, Vicomte de Maulde, dernier Grand-Bailli.

Premier Maire élu, 15 mars 1790, M. Arnould-Ignace-Joseph Lambin, qui quitte ses fonctions pendant la révolution, pour les reprendre en 1802 jusqu'en 1809.

M. Marcotte-Hovyn, de 1809 à 1821.

M. Louis Lambin Cot d'Ordan, Maire depuis 1821, ayant actuellement pour adjoints, M. Meurillon-Ghestem, et M. Desbonnets-Duthois.

Membres de la fabrique de l'église de Comines en 1855:

Président, M. Ghesquière van Elslande,

Trésorier, M. Froidure-Lambin, chevalier de l'ordre impérial de la légion-d'honneur,

Secrétaire, M. Marcotte-Ghesquière,

M. Catteau-Lauwick,

M. Goeman-Ducourouble,

M. Dumortier van Elslande,

M. Desbonnets-Duthois,

M. Messéan-Péron,

M. Meurillon-Ghestem.

fiance et d'intimité. Cet accord si beau de l'administration civile avec le clergé a puissamment contribué à la prospérité religieuse du pays.

Cependant, Monseigneur Giraud, archevêque de Cambrai, si juste appréciateur du vrai mérite, nomma en 1845, M. Reniez chanoine honoraire de la métropole de Cambrai. Le 12 novembre de la même année, Comines fut érigée en cure de seconde classe par une ordonnance du Roi Louis-Philippe, et Monseigneur l'Archevêque en fit un décanat spécial qu'il détacha, ainsi que la paroisse de Werwicq, du décanat de Quesnoy.

Le 3 février 1846, M. Reniez fut installé en qualité de Doyen de Comines. Décrire la joie de ses paroissiens en cette circonstance, serait chose difficile. On n'entendait partout que des applaudissements et des cris de réjouissance. Depuis le presbytère, devant lequel un riche pavillon avait été dressé, jusqu'à l'église, la rue était magnifiquement décorée. Le corps de musique de Comines (1), des sapeurs-pompiers, tout le clergé, tout le conseil municipal avec son premier magistrat à la tête, vinrent chercher leur nouveau doyen, qu'accompagnait M. Deleruyelle, grand-doyen de Saint-Maurice, à Lille, pour le

(1) La musique de Comines habilement dirigée par M. Knorr, et qui a pour chef un homme véritablement estimé, M. Dewulf-Lambin, jouit d'une grande réputation dans le pays ; elle a donné depuis longtemps ses preuves dans les divers concours, où elle a toujours remporté de brillants succès.

conduire processionnellement à l'église. Ce beau cortége était précédé des enfants des écoles des frères et des sœurs. Des jeunes filles vêtues de blanc faisaient entendre des hymnes de reconnaissance et d'allégresse, qui trouvaient de l'écho dans tous les cœurs.

A l'occasion de l'érection du décanat de Comines, Monseigneur Giraud permit à Monsieur le nouveau doyen, d'ouvrir la châsse de saint Chrysole, et de donner les reliques à toucher aux fidèles. Les sceaux de la boîte devaient être brisés le matin devant témoins, et replacés le soir, devant les mêmes témoins ; la même cérémonie avait eu lieu en 1829, à l'occasion de l'arrivée du nouveau curé.

Plusieurs missions ont été données à Comines avec un grand succès en 1842, 1844, 1851, 1854. Dans l'une de ces missions, on compta 4,000 communions dans l'espace de huit jours.

M. le doyen fit réparer la vieille statue de saint Chrysole en 1853, et broder à Lyon un nouveau couvre châsse du saint patron, d'après l'ancien dessin. Ce travail, d'une grande perfection, fut admiré à la procession de Notre-Dame de la Treille, à Lille, où s'étaient rendus, avec leur pasteur, les musiciens de Comines et un certain nombre d'habitants formant la députation de la ville. Les reliques de saint Chrysole, comme en l'an 1066, étaient portées par des Cominois. Un grand cœur d'argent d'une valeur de près de 600 francs, fut offert par l'antique ville de Comines, à l'auguste patronne de Lille.

Un événement que bénissent de nos jours les âmes pieuses et que béniront les siècles à venir, c'est la définition et la promulgation du dogme de l'immaculée conception de la bienheureuse Vierge-Marie. Célébrée à Rome le 8 décembre 1854, cette fête donna, à toutes les nations et surtout à la France, l'occasion de manifester sa piété envers la Mère de Dieu. La ville de Comines suivit l'élan général, l'on peut dire que jamais elle ne fut plus magnifiquement décorée qu'en cette circonstance. Que le ciel, par la protection de Marie, accorde à la terre les bénédictions les plus abondantes, c'est là le vœu et l'espérance du monde entier.

En l'année 1855, ont été établies à Comines, deux sociétés dont le but, l'une comme l'autre, est d'améliorer le sort des classes ouvrières et indigentes. La première, nommée association de Secours Mutuels, sous la présidence de M. Lambin, maire, s'occupe de secours à accorder aux ouvriers malades. Elle a été puissamment encouragée par l'Empereur, qui lui fit don d'une somme de 1,500 fr. La seconde, sous le titre de Conférences de Saint-Vincent-de-Paul, a pour président honoraire M. le comte d'Hane de Potter, de Gand, et pour président, M. Lauwick-Van Elslande. Le but principal de cette société est d'améliorer la condition morale des ouvriers. Les résultats de ces deux associations donnent de belles espérances pour l'avenir.

En terminant ce travail qui pourra servir à faire une histoire plus complète du pays, nous constatons avec bonheur combien est grande la foi des habitants de Comines. Elle se montre surtout dans les solennités religieuses et aux jours spécialement consacrés au Seigneur. Dès le matin, et quelle que soit la saison, on voit alors la foule remplir la maison de Dieu. Son enceinte si large et si étendue suffit à peine à l'affluence des fidèles. Et quelle piété, et quel recueillement dans le temple! Oui, la semence évangélique jetée par saint Chrysole sur cette terre produit toujours et fructifie au centuple. Malgré toutes les commotions politiques où la religion a toujours eu à souffrir, malgré l'esprit d'impiété qui a cherché à pénétrer sous le chaume, la foi se montre toujours vive et agissante à Comines. Elle anime les habitants de nos campagnes chez lesquels, avec la connaissance exacte des mystères de la religion, l'on retrouve les mœurs pures et patriarcales; elle exerce pareillement son influence sur les habitants de la ville. Qui dira l'esprit d'ordre et l'amour sincère de la religion qui règnent au sein de nos premières familles, où généralement les maîtres, par leur fidélité au service de Dieu, sont des modèles pour leurs ouvriers et leurs inférieurs? Qui dira les œuvres de charité et de miséricorde qui se font sans éclat par les personnes favorisées des dons de la fortune, et dont le plus grand bonheur est de soulager les misères des pauvres! Qui n'admirera point la confiance des Cominois dans leur saint patron qu'ils prient tous les jours avec tant de ferveur et surtout au moment du danger? « Puissance merveilleuse d'une foi antique! s'écrie le savant auteur du *Cameracum Christianum*, Comines est célèbre pour avoir vu naître le fameux historien de Louis XI, et Augier de Bousbecques, illustre négociateur du XVIe siècle; Eh bien, à Comines, le peuple se souvient à peine de l'habile chroniqueur et du grand diplomate, mais il garde fidèle mémoire de saint Chrysole qu'il honore d'un culte toujours vivace, et les familles se plaisent à perpétuer son nom vénéré, en l'imposant, comme un signe de bénédiction, aux enfants nouveaux-nés. » Tout nous donne le consolant témoignage que Comines méritera longtemps encore sa vieille réputation de ville éminemment catholique.

APPENDICE.

Le 9 février 1855, à la demande de M. l'abbé Derveaux vicaire à Comines (France), Monseigneur Malou, évêque de Bruges, eût la bonté de permettre que l'on transportât de la cathédrale au palais épiscopal, le coffret renfermant les reliques de saint Chrysole, pour constater ce qui restait de cet apôtre du IIIe siècle, si célèbre et si vénéré à Comines.

Ce coffret, en chêne, paraît très-vieux. On voit sur le couvercle d'anciens sceaux épiscopaux, et des armoiries dont quelques-unes appartiennent à nos seigneurs du moyen-âge. Les panneaux de l'intérieur du coffre sont revêtus de soie autrefois rouge et maintenant tout-à-fait décolorée. Un tissu de fleurs d'argent est attaché à cette soie. On remarque d'abord des chartes écrites en latin que nous relatons plus bas. Sur de la ouate que l'on trouve dans le fond, sont placés deux voiles, l'un de soie rouge et l'autre de bâtiste garni de larges dentelles. C'est sur ces deux voiles que sont déposées les reliques de saint Chrysole, et entre chacun des ossements, se trouvent des coussins de soie rouge d'un côté, blanche de l'autre. On voit les deux hanches, quelques parcelles des côtes, une dent (1), et quelques osselets. Le crâne est en entier depuis le bas du front jusqu'à l'occiput. On remarque sur le front les coups de l'instrument qui servit à donner la mort au saint Martyr. La seule inspection du crâne indique bien que Chrysole était vieux lorsqu'il mourut. Après que tous les ossements eurent été visités avec soin et respect, que les chartes eurent été lues par Monseigneur Malou, tout fut replacé dans le même état qu'auparavant ; l'auguste prélat rédigea lui-même le procès-verbal, y inscrivit les noms des témoins de cette solennelle visite, et le plaça dans le coffret qui fut refermé et scellé du sceau épiscopal.

De reliquiis S^ti^ Chrysolii pont. Mart. Ap. Com.

Hæ reliquiæ visitatæ fuerunt per. R^mus^ de Rodoan,

(1) Monseigneur Malou a retiré cette dent pour la placer dans un reliquaire qui contiendra aussi une relique de saint Éloi.

anno 1612 die 7 februarii, cum avita religio huic civitati Brugensi, Dei beneficio, cessante calamitatum furore, restituta foret, ac inter alia hujus nostræ cathedralis ecclesiæ sanctorum pignora etiam reperta fuisset calvaria cum aliquot ossibus notabilibus S^{ti} Chrysolii episc. et marty. prout. constabat et adjacente iisdem pergamena scedula, nec non antiquo registro capitulari catalogum omnium reliquiarum dictæ ecclesiæ continente prædictas reliquias visitatas et purgatas debita cum veneratione præsenti capsæ includendas duximus et includimus. — Hæc Reverendissimus de Rodoan in suis litteris desuper datis 7 feb. 1612 quæ habentur in actis capt. registro M.M. p. 130.

Anno 1636 die 10 oct. Ill et R^{mus} Servatius Quinckerus easdem reliquias visitavit nempe calvarium et diversa notabilia ossa cum pluribus particulis costarum, ossium, articulorum et unius dentis — et ad instantem requisitionem episcopi Tornacensis et capituli ecclesiæ collegiatæ Cominiensis, ex eodem feretro extraxit os dextri femoris cum duabus particulis costarum, tradendum prædictæ ecclesiæ Cominiensis, cujus sanctus Chrysolius est patronus — item extraxit unum articulum includendum novæ capsulæ argenteæ ut piis fidelium deosculationibus in cathedrali Brugensi imposterum exponatur.

Tandem ultima visitatio facta fuit anno 1698 die 6 februarii, pro festo S^{ti} Chrysolii p. R^{m} Guillelmum Bassery prout constat in actis capit. M.M. p. 128 et seq. sancta nostra conculcata fuerunt furiente gallorum impietate et hæ reliquiæ pietati fidelium deindè restitutæ, tamen non amplius fuerunt visitatæ ab anno 1698.

PIÈCE JUSTIFICATIVE.

Octroi donné par Charles-Quint à Georges, Seigneur de Comines et d'Halluin, de construire, à la demande des bateliers de Gand, une seconde écluse à Comines (Traduit de l'original flamand, déposé à la bibliothèque de M. D'hane de Potter). (1)

Charles, par la grâce de Dieu, prince d'Espagne, des Deux-Siciles, de Jérusalem, archiduc d'Autriche, duc de Bourgogne, de Lorraine, de Brabant, de Styrie, de Carinthie, de Limbourg, de Luxembourg et de Gueldre, comte de Flandre, de Salsbourg, du Tyrol, d'Artois, de Bourgogne........

A tous ceux qui ces présentes verront, salut, savoir faisons qu'il nous a été représenté de la part de notre cher et fidèle conseiller et

(1) M. D'Hane de Potter a eu la bonté de traduire lui-même cette pièce. Il nous a communiqué avec la même obligeance la demande des bateliers de Gand et la lettre de Georges, Seigneur de Comines et d'Halluin. Nous ne donnons ici ni cette demande, ni cette lettre, parce qu'elles sont reproduites, mot pour mot, dans la lettre d'octroi de l'Empereur.

chambellan Iooris (Georges), seigneur d'Halewyn et de Comines, ainsi que de celle des doyen et jurés de la corporation des bateliers de notre ville de Gand, pour eux et pour toute la communauté de ladite corporation, qu'il a été convenu entre lesdits remontrants que pour parer au danger que courent les bateliers à l'écluse de Comines, en montant et en descendant, ledit seigneur d'Halewyn et de Comines fera, si tel est notre plaisir, construire encore une écluse à ses frais, et que lesdits doyen et jurés paieront une fois dix livres de gros, et en outre s'engageront et en délivreront audit seigneur, bonnes lettres, à payer à perpétuité, par chaque bateau dit *pleyte* ou *suys*, quand il y passera et autrement, non, savoir : Pour un bateau dit suys, montant vide, soit qu'il descende vide ou chargé, douze gros ; item, pour un bateau dit suys, chargé à sa septième ou environ, dix-huit gros ; item pour un bateau dit suys, chargé à son dix-septième ou plus près de dix-sept que de sept, deux escalins gros ; item pour un bateau dit suys, chargé à son trente-sixième ou plus près de son trente-sixième que de son dix-septième, deux escalins six deniers; item pour un bateau dit pleyte, montant vide, soit qu'il retourne vide ou chargé, deux escalins gros ; item un bateau dit pleyte, à demi chargé ou vingt barils (vaten) de vin, paiera trois escalins gros ; item un bateau dit pleyte, chargé de six cent et demi sel (zouts) ou sept cent et demi, étant ainsi, quatre escalins ; item un bateau dit pleyte que est chargé plus profond que de huit cents sel, ou de ce poids en autres marchandises payera six escalins gros et tous les autres bateaux à proportion. Quoique ce soit une nouvelle imposition et charge, ladite écluse qui serait construit à grands dépens par ledit seigneur d'Halewyn, serait cependant très-avantageux, non-seulement pour les bateliers remontants, mais aussi pour tous autres qui passeraient par les mêmes écluses ; et, comme lesdits suppliants n'aimeraient pas d'entamer cette affaire à moins d'avoir obtenu notre octroi exprès par lequel il leur serait consenti que tous les autres bateliers en dehors des suppliants, passant par lesdites écluses, contribueraient à proportion des appointements ou contributions ci-dessus mentionnés, ou certainement à proportion des moindres frais qu'ils auront à supporter que s'il n'y avait qu'une écluse pour tout quoi ils nous ont humblement suppliés. Si est-il que nous ayant bien examiné l'affaire, et après nous être bien fait éclairer sur tout ce qui précède et particulièrement sur les inconvénients ou les avantages que notre consentement amènerait pour nous et les autres, après avoir reçu à cet égard l'avis de nos chers et féaux les président et gens de notre chambre du conseil en Flandre, inclinant aux désirs des suppliants, avons ledit accord ou projet pour agréable, avons agréé et consenti, agréons et consentons à ce que desus, leur donnant par les présentes, octroi et consentement, de notre grâce spéciale, que ledit seigneur d'Halwyn et de Comines pourra faire construire à ses dépens une nouvelle écluse à Comines, là où il lui plaira et sera le plus convenable, pour faire cesser le danger de l'autre écluse moyennant le paiement une fois fait par les bateliers remontants, de ladite somme de deux livres de gros, au profit dudit seigneur d'Halewyn et avec l'obligation à eux imposée de payer à perpétuité audit seigneur pour chaque bateau dit pleyte ou suys quand il y passe et autrement non ; savoir, pour un bateau dit suys, montant vide, soit qu'il retourne vide ou chargé, douze gros de Flandre ; item pour un bateau dit suys, chargé à son septième, ou environ, dix-huit gros ; item pour un bateau dit suys, chargé à son dix-septième ou plus près de son dix-septième que de son septième, deux escalins de Flandre ; item pour un bateau dit suys, chargé à son trente-sixième ou plus près de son trente-sixième que de son dix-septième, deux escalins six deniers gros ; item d'un bateau dit *pleyte*, montant vide, soit qu'il retourne vide ou chargé, deux escalins gros ; item un bateau dit pleyte, à demi chargé ou avec vingt barils (vaten) de vins payera trois escalins gros ; item un bateau dit pleyte chargé de six cent et demi sel (zouts) ou sept cent et demi sel, étant ainsi, quatre escalins gros ; item un bateau dit pleyte, qui est chargé plus profond qu'avec huit cents sel, ou de ce poids en d'autres marchandises payera audit seigneur d'Halewyn et de Comines, six escalins gros ; tous autres bateaux, paieront à proportion, le tout selon l'accord mentionné et spécifié ci-dessus, à la condition néanmoins que la plupart desdits bateliers y aient consenti ou y consentiront, et que le seigneur d'Halewyn et de Comines, entretienne bien et loyalement à ses frais, ladite nouvelle écluse, ainsi qu'il est dit, pour le bien-être et la sécurité desdits bateliers. Mandons pour ce, ordonnons auxdits nos président et gens de notre chambre du conseil en Flandre, à ceux de notre chambre des comptes à Lille et à tous autres nos juges et officiers que cela peut concerner ou bien à leurs lieutenants ou à chaque particulier qu'en vertu de cette notre présente grâce, octroi et consentement de la manière susdite, ils laissent, permettent que lesdits remontrants en jouissent et en usent paisiblement, tranquillement et perpétuellement, sans leur faire ou souffrir qu'il leur soit fait quelqu'empêchement ou difficulté, au contraire, car ainsi nous plaît-il.

En témoignage, nous avons fait apposer notre sceau, donné dans notre ville de Bruges, le 22e jour d'avril de l'an de notre seigneur, quinze cent quinze après pâques.

Plus bas se trouve :

Par mondit prince, dans son conseil ; signé J. de Borzé, avec paraphe.

BIBLIOTHÈQUE IMPÉRIALE

ERRATA.

Page 14, à la ligne 3, au lieu de : venez donc, lisez : venez *dans*

Page 20, à la ligne 21, au lieu de : voici une prière assez curieuse, lisez : voici une *pièce*.

Page 67, à la ligne 3, au lieu de : bataille de Visneu, lisez : *Mons-en-Vimeu*.

Page 73, à la ligne 19, au lieu de : Il le circonvint dès ce jour des félicitations les plus puissantes, lisez : des *sollicitations* les plus *pressantes*.

BIBLIOTHÈQUE IMPÉRIALE

TABLE.

BIBLIOTHÈQUE IMPÉRIALE IMPR.

Lille. Imp. de Lefebvre-Ducrocq.

www.ingramcontent.com/pod-product-compliance
Ingram Content Group UK Ltd.
Pitfield, Milton Keynes, MK11 3LW, UK
UKHW012033240726
13965UKWH00002B/754

9 782013 029711